개념으로 산다

'개그맨의 생각'에서
'성령께서 열어주시는 생각'으로

ㄹ
글과길

개념으로 산다

'개그맨의 생각'에서
'성령께서 열어주시는 생각'으로

최형만 저

발행일	2021년 12월 1일
발행인	김도인
펴낸곳	글과길
	등록 제2020-000078호[2020.5.29]
	서울특별시 송파구 삼학사로 19길5 3층 [삼전동]
	wordroad29naver.com
편집	이영철
디자인	디자인소리 okdsori.com
공급처	하늘유통
	경기도 파주시 광탄면 분수리 350-3
	전화 031-947-7777
	팩스 0505-365-0691

ISBN 979-11-973863-6-7 03230
가격 12,000원

개념으로 산다

최형만 목사는 연예계에 몸담았었고, 뒤늦게 신학의 길로 들어서서 일련의 과정을 통과하고 주님의 종이 되었습니다.

동춘교회로 최 목사님이 올 때 이런 권면을 해 드렸습니다.

"새로운 교회는 새로운 선교지에 들어가 사역하는 것이다."

어떤 자리에서 성공적인 사역을 했다고 해서 모든 교회에서도 그렇게 되리라고 생각해서는 안 된다는 권면입니다.

다시 말해, 교회마다 그 독특한 문화와 방식이 다르고, 같은 교회라도 그 지역 그 교회만의 특별한 경험과 역사 등 교회의 문화가 다르기에, 타 문화권 선교지에 들어가는 선교사의 심정으로 사역을 해야 한다는 것입니다. 그래서 더욱 겸손히 타 문화권에 들어온 신임 선교사의 심정으로 하나하나 배우고 적응하면서 사역한다면 주님이 더욱 기뻐하시리라 생각합니다.

이번에 최형만 목사의 책이 출간됨을 진심으로 축하드리며, 이 책을 통해 세상 문화를 바꾸는 주님의 귀한 문화사역자의 심정이 전해

지길 간절히 소망합니다.

　모쪼록 많은 분이 읽고 나누면서 신앙의 참 의미와 주님의 사랑을 이 땅 가운데 누리며, 신실한 성도로 살아내는 귀한 소명을 감당하는 믿음의 자녀가 되길 소망합니다.

　우리는 모두 세상 속 문화에 파송된 주님의 선교사이기 때문입니다.

윤석호 목사 동춘교회 위임목사

개념으로 산다

신약성경이 헬라어로 기록될 때, 학자들의 언어가 아니라 시장과 저잣거리에서 통용되던 헬라어, 즉 코이네 헬라어가 사용되었다. 중세의 '성스러운' 언어였던 라틴어 성서의 또 다른 이름은 '불가타' 성서다. '불가타'는 '상스러운, 천박한'이라는 뜻이다. 제롬이 불가타 성서를 번역했던 이유는 '성스러운' 목적이 아니라 '상스러운' 목적으로 대중들과 소통하기 위함이다. 이것이 성경이 처음 기록된 목적이었다. 그리스 철학자들도 어렵게 설명했던 초자연적인 세계를 예수님은 민중들의 언어와 비유로 쉽게 설명하셨다. 복음은 쉬워야 하고, 은혜도 쉽게 소통되어야 한다. 은혜가 사라질수록 현학적衒學的으로 된다.

최형만 목사님의 글은 쉽다. 누구보다 치열하게 고민하면서도 쉽게 소통할 수 있다는 것이 목사님의 큰 장점이다. 이 책을 읽으며 예수님의 비유를 생각하게 되는 것은 나만 그런 것은 아닐 것이다. 이해는 쉽게, 울림은 깊게 느끼게 되리라 확신한다.

박양규 목사 인문학은 성경을 어떻게 만나는가》의 저자, 교회교육연구소 대표

'의미 있음'과 '재미있음'은 어울리기 쉽지 않다. 이 둘을 어울리게 하는 작가가 있다면 단연코 최형만 목사이다. 전직은 개그맨, 현직은 목회자이다. 이 둘도 잘 어울리지 않는다. 이 둘이 어울림을 보여준 작가 역시 최형만 목사이다.

어울리지 않음을 어울리게 만드는데 탁월한 저자는 코로나19로 힘든 사람들에게 한바탕 웃음을 던져주는 책을 출간했다. 코로나19로 인해 신앙의 방향을 잃어버린 사람이 다시 한번 신앙의 끈을 꽉 붙들고자 한다면 이 책을 붙들면 된다. 어려운 시기를 웃음으로 승화한 뒤 의미 있는 인생을 살고자 한다면 이 책을 읽으면 된다.

이는 저자의 고백을 통해서도 발견할 수 있다.

"내 생애에 가장 잘한 일은 독서이고, 최고로 잘한 일은 주님을 만난 일이다."

이 고백에 하나를 덧붙여야 한다.

"내 생애에 가장 잘한 일은 독서이고, 최고로 잘한 일은 주님을 만난 일이다. 그리고 위트 있는 글로 주님을 전하는 삶을 택한 일이다" 라고 말이다.

이 책은 '날 것'처럼 느껴질지 모르지만, 사실은 '푹 익은 책'이다. 자신의 인생을 담았기 때문이다. 혹자는 이 책에서 재미있음을 기대할 것이다. 물론 재미와 위트가 넘친다. 그러나 이에 그치지 않는다. '개념 있는 사람으로 사는 방법'까지 만날 수 있다. 그리고 웃으면서 하나님을 만나게 해준다.

이 책은 세상에 흔한 책이 아니라 유일한 책이다. 저자의 삶과 신앙, 그리고 통찰을 담았기 때문이다. 코로나19로 힘든 삶을 사는 중에 다시 한번 사랑, 행복 그리고 신앙의 도약을 꿈꾸고 싶다면 이 책이 '딱!'이다.

김도인 목사 아트설교연구원 대표, 《설교는 글쓰기다》 등 15권의 저서의 저자

프롤로그

절대로 꺼뜨리지 말라!!! 생각의 '불'

"멋진 장소는 삶의 환희이고, 멋진 추억은 기쁨의 폭죽이며, 멋진 문장은 영혼의 비타민이다."

이런 상황이 우리에게 보장된다면 지금 어떤 어려움이 있더라도 견디지 않겠는가? 그러나 힘겨운 삶을 살아가는 사람들에게는 그저 그림의 떡일 뿐이다.

집 없는 자들의 설움은 말해 무엇하랴? 그러나 걱정하지 말라 곧 회복된다. 이 땅에 내 것이 없고, 내 줄 수 있는 것이 없어도, 주님과 함께 하는 그 땅은 세상이 뒤집힐 '하늘'이기 때문이다.

기대된다. 그리고 기도한다. 우리가 소망하는 천국에 입성하는 그 날에는 이 땅의 기쁨 전부와도 바꿀 수 없는 놀라운 반전이 기다리고 있기 때문이다.

하나님은 우리에게 공평하게 시간을 주시고, 일생을 살게 하셨다. 일상의 시간을 점이라고 하면, 그 일상의 점들이 모여 선이 된다. 그 선을 통해 한 사람의 일생이 그려진다.

어떤 이는 삐뚤삐뚤하고, 어떤 사람은 올곧은 직선이다. 그런가 하면 어떤 사람은 상한가와 하한가를 오르내리는 주가 동향처럼 롤러코스터이다. 중요한 것은 선의 모양이 아니라 그 선을 바라보는 관점이다.

어떤 개념 있는 어떤 분은 인생의 의미를 이렇게 표현했다.

"현재를 살지 말고, 역사를 살라."

나는 이 말을 이렇게 바꾸고 싶다.

"현재 속에 역사를 살라."

개념으로 산다

현재를 역사로 사는 삶!

이런 삶은 아무나 살 수 없다. 그러나 우리가 믿고 의지하는 그분의 삶을 따라가면 가능하다. 이런 삶을 살려면 전제되어야 할 것이 있다. 그것은 바로 철저한 '자기 부인'이다.

여기서 자기 부인이란 인간의 가능성이 완전 제로가 된 상태를 말한다. 자력으로는 어쩔 수 없는 상황이 되어야 전적인 하나님의 개입이 이루어질 수 있기 때문이다.

'현재 속에서 살아있는 주님의 역사를 체험하는 것!'

이것이 바로 내가 말하고 싶은 '**개념**'이다.

즉, 열 개開, 생각할 념念.

풀이하면, '성령께서 열어주신 생각'이다.

이런 생각을 품는 자가 진짜 기독교인이다. 그래서 세상이 말하는 '개성'이 아니라, 성령이 열어주신 '개념' 있는 성도로 살아야 한다.

개념 없이 신앙생활 하는 것은 지도 없이 길을 나서는 것과 같다. 자기 생각만으로 이 험난한 세상을 제대로 살 수 있다고 생각한다면 그것은 엄청난 착각이다. 이 착각을 올바른 생각으로 바꾸는 전환의 힘이 바로 '개념'이다.

인생에서 가장 중요한 것은 내가 아니라 하나님이다. 그래서 내 인생에서 하나님의 심정과 방법과 속성을 발견한다면, 이는 원석에서 보석을 발견하는 것이다.

니고데모를 아는가? 밤에 진리를 찾고자 예수님께 나아온 사람이다. 그는 율법의 생각에서만 살았던 사람이다. 그는 예수님을 만나고도 "종교에서 나오라" 하는 메시아의 말씀을 이해하지 못했다. 선생이면서도 제대로 알지 못했던 까닭이다.

착각을 올바른 생각, 즉 '개념'으로 바꾸는 것은 오직 예수님만이 하실 수 있다. 인간이 인간을 교화할 수는 있지만, 완전히 변화시킬 수는 없다. 그래서 "사람은 안 변해~"라는 말도 있지 않은가?

현재 속에서 역사를 살리려면 완전한 돌이킴이 있어야 한다. 옛사람이 죽고 새로운 피조물이 되어야 한다. 이것을 가리켜 '리셋'이라고 한다. 우리 인생에서 리셋은 예수님의 십자가 사건을 믿음으로 이루어진다. 그 사건을 믿고 하나님의 뜻을 안다면 현재 속에서 성령의 역사를 경험하게 된다. 이것이 바로 기독교의 진리이다.

이 책은 그렇게 생각에 생각을 거듭하는 과정에서 나왔다. 나는 현재의 삶을 바꾸기보다는 과거의 영광만 되새김하는 '박물관' 같은 삶을 살았었다. 그러나 주님이 나를 사랑하시고, 내 죄로 인해 십자가를 지셨다는 사실을 믿는 순간 내 생각이 깨어졌고, 현재는 그분과 동행하는 '체험관'의 삶을 살고 있다. 과거엔 개성 있는 개그맨으로 살았지만, 현재는 주님을 구주로 믿는 개념 있는 목사가 되었다.

개념 있는 목사란 어떤 사람인가? 성령이 열어주신 그 생각은 무엇인가? 《목자, 목사》라는 책에서 찰스 제퍼슨은 목사의 책임을 이렇게 말했다.

"지키는 일에는 깨어 있음이 필요하고, 보호하기 위해서는 신중함이, 인도하는 일에는 용기가, 치료하는 일에는 기술이 각각 요구되지만, 구출하는 것은 바로 사랑의 일이다."

한 마디로, 개념 있는 목사는 세상이라는 우상에서 우리를 구출시키도록 돕는 사람이다.

여기에 소개되는 글들은 틈틈이 적어 둔 내 생각의 부스러기들이다. 이를 하나로 모아 진심의 빵을 구워내고 싶었다. 열심히 반죽하고, 정성을 다해 구워내기는 했지만, 세상에 내어놓기가 너무나 부끄럽다. 빵이 아니라 '뻥'으로 끝날까 봐 두려운 마음이 앞선다.

그러나 내게는 꿈이 있다. 내 꿈은 방화범이다. 나는 사람들의 내면에 성령의 불을 지르고 싶다. 그래서 그들을 영원한 생명으로, 그분 한 분만으로 충만한 삶으로 인도하고 싶다.

꺼져가는 심령에 불을 붙이는 복음의 방화범 존 파이퍼 목사의 글로 프롤로그를 마무리한다.

개념으로 산다

"많은 책을 읽는 것은 나무를 한곳으로 모으는 것과 같지만, 거기에 불을 지르는 것은 단 하나의 문장이다. 마음에 남는 지을 수 없는 흔적은 여러 페이지를 마음자리에 태워서 생기는 것이 아니라 뜨거운 인두 같은 한 문장으로 선명하게 찍히게 된다."

그 위대한 한 문장은 바로 이것이다.

"하나님은 사랑이시다."

차 례

개념으로 산다

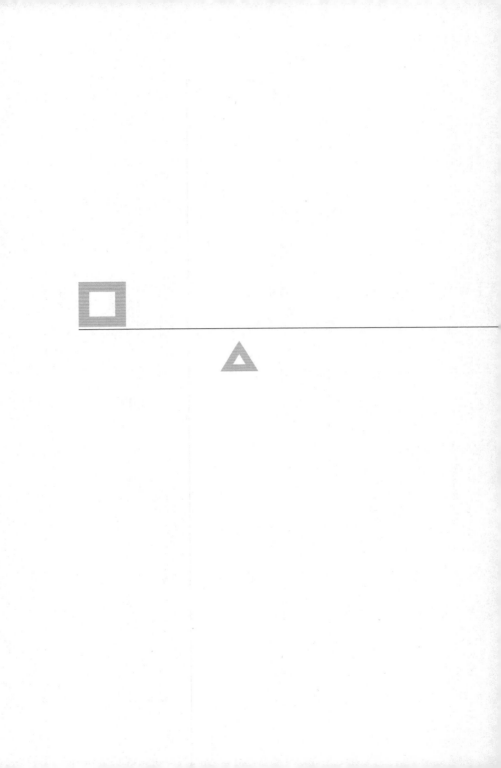

개념으로 산다

개념으로 산다

90년생이 온다

> "인생에는 두 가지 비극이 있다.
> 하나는 원하는 것을 얻지 못하는 것이고,
> 다른 하나는 그것을 얻는 것이다."
>
> – 오스카 와일드

90년생이 온다

화제의 책 한 권을 소개한다. 요즘 젊은 세대를 이해할 수 있는 책, 그들은 나와 다른 것이지 틀린 것이 아니라는 것을 보여주는 책, 젊은 세대에게 필요한 것은 감정의 위로가 아니라 '그들의 입장을 이해하고 지지하는 것'이라는 주장을 한 책, 바로 《90년생이 온다》이다.*

이 책을 통해 그들과 기성세대의 담을 허물었으면 한다. 담을 무너

---

* 임홍택, 90년생이 온다, 웨일북. 이 책을 읽고 아이디어를 얻음.

뜨리면 다리가 된다고 하지 않던가? 이 험한 세상 다리가 되어 불통을 소통으로 만들면 좋은 세상 만들기가 되지 않겠는가?

90년생을 간단히 정리하면 다음과 같은 3종 세트다.

- 간단함!
- 병맛!
- 솔직!

'간단함'이란 말 그대로 복잡한 것을 싫어하는 것이고, '병맛'은 '맥락 없고 형편없으며 어이없음'을 뜻하는 신조어다. 마지막은 '솔직함'이다. 젊은이들이 기성세대와 거리를 두고 싶어 하는 이유가 무엇인가? 기성세대의 행태가 이중성을 보이기 때문이다. 즉, 90년생은 솔직하지 못한 어른들을 싫어한다.

이 '병맛'이라는 콘텐츠는 요즘 방송과 각종 광고에 적극적으로 활용되고 있다. 예를 들면, 방송인들이 기괴한 분장을 하고서 맥락도 없는 농담을 주고받는 경우들이 있는데, 이를 두고 '병맛'이라고 한다. 이와 비슷한 맥락으로는 'B급 코드'가 있다. '병맛'과 'B급 코드'로 월드 스타가 된 대표적인 인물이 가수 '싸이'이다.

왜 젊은 세대는 '병맛'에 열광하는가? 그 이유는 기존 체제의 관념을 허무는 예측 불가의 특성 때문이다. 그리고 기존 체제에서 밀려

개념으로 산다

난 이들이 즐기는 자기 비하의 정서와 조합된 코드라고 보기 때문이다.

과거엔 절대 표현해서는 안 될 내용이 지금은 여과 없이 퍼지고 있다. 이 '병맛'은 인간의 논리로는 결코 설명이 안 된다. 그래서 '병맛'을 알려줄 방법이 없다. 그냥 그들이 하는 대로 즐기면 된다.

꼰대가 온다*

지금 우리 시대에 가장 필요한 사람은 누굴까? 잘못을 대놓고 '지적'하는 사람이 아니다. 지적이 아니라 '지知적'인 사람이 필요하다.

젊은이들은 앎을 삶으로 실천하는 행동대장을 동경한다. 그런데 그런 사람이 없다. 그런 종은 이미 멸종됐다. 숨 쉬는 인간은 많은데, 참 인격은 실종됐다. 한 번 나간 인격은 다시는 돌아오지 않는다. 그래서 그들이 원하는 사람은 바로 그 나이에 어울리는 진짜 어른이다. 생물학적 노인 말고, 참 어른 말이다.

나이 먹은 기성세대들이 왜 그들 눈에는 미운털이 되었을까? 젊은 후배들보다 실력도 없고 덕망도 부족하면서, 단지 선배라는 이유만으로 절대 군주처럼 힘을 과시하려 하기 때문이다. 그런 사람을 우

---

* 어른의 의무, 야마다 레이지 저, 김영주 역, 북스톤. 참조

리는 '꼰대'라고 부른다.

그렇다면 이 시대에 꼰대가 안 되려면 어떻게 해야 할까?

첫째는, 불평하지 않아야 한다.

대한민국은 '평등사회'다. 왜? 아파트 평수와 학교 등수로 서열이 정해지기 때문이다. 거기에서 밀려난 이들이 내뱉는 외마디 소리가 바로 불평이다. 불평은 마음의 분풀이이고, 전염성이 강하다. 나도 힘들게 하고 그것을 듣는 남도 힘들게 한다.

불평의 여동생이 있다. 바로 투정이다. 투정은 마음의 오물이다. 그 투정을 받는 사람은 영혼이 오염된다. 이를 정화하려면 상당한 시간과 여과장치가 필요하다.

불평과 투정은 상대방을 힘들게 하는 악덕 기업주와 같다. 괴롭히고, 힘들게 하고, 지쳐버리게 한다. 이것은 전쟁에서 이겼다는 승전보가 아니라 악의 팡파르다.

성경에 보면 하나님께서 불평을 철저히 금하셨다. 인간은 얼마든지 삶의 자리에서 탄식할 수 있다. 탄식은 '하나님께' 불평하는 것이지만, 불평과 원망은 '하나님에 관해' 불평하는 것이다. 다시 말해 탄식은 하나님 면전에서 이루어지지만, 원망과 불평은 하나님의 등 뒤에서 이루어지는 것이다.

개념으로 산다

둘째는, 잘난 척하지 않아야 한다.

진짜 잘나서 잘난 척하는 경우는 누가 뭐라고 하겠는가? 그러나 잘나지 않았으면서도 잘난 척하는 이유는 그 사람 마음에 굶주림이 있기 때문이다. 그런 사람은 자기 마음의 굶주림을 채우려고 상대방을 공격한다. 그것도 아주 비열하게 공격한다. 자신의 굶주림을 채워 만족하게 될 때까지 그 어떤 자비와 아량도 없다. 굶주린 사자가 먹이를 먹을 때처럼 말이다.

셋째는, 좋은 상태를 유지해야 한다.

좋은 상태를 유지한다는 것은 상대방에 대한 지극한 배려에서 나온다. 지금 내 상태가 힘들고 지쳐 있으면서도 상대방을 향해 좋은 마음을 표현하는 것이기 때문이다. 해녀도 물에 들어가기 전에 반드시 마음속에 있는 부정적인 감정들을 사람들 앞에 다 꺼내서 좋은 기분으로 바꾼 후 물에 들어간다고 한다. 만약 그렇게 못하면 물에 들어가고 싶겠는가?

90년생의 꿈은?

90년생들이 가장 되고 싶은 직업은 '공무원'이다. 왜 하필이면 공무원일까? 그것은 구조조정의 공포가 없기 때문이다. 공무원 세계는 대한민국 정부가 수립된 이래 단 한 번도 구조조정이 이루어진 적이 없다고 한다. 그러니 공무원이 얼마나 매력적이겠는가? 이른바 '철밥통'이다. 한 번 들어가면 자신이 그만두기 전에는 나올 수 없다.

지금 이 사회의 분위기를 한 번 보라. 내 한 몸 챙기기도 어려운 상황이다. 누가 말이라도 걸까 봐 두렵다. 그 사람 말을 들어주고, 내 시간 뺏기고, 음악도 못 듣고, 인터넷도 못 하기 때문이다.

아침에 나올 때 그들은 이런 기도를 한다고 한다.

"제발 쓸데없는 사람 좀 안 만나고, 안 보게 해주세요."

한 마디로 각자도생의 시대다.

그렇다면 이들은 왜 기업도 아닌 공무원을 선호하는가? 기업이란 철저히 이익을 위해 뭉친 집단이다. 그러므로 기업은 젊은 청년의 성장과 미래에 절대 관심이 없다. 단기간에 써먹을 요량으로, 가장 건강하고 일 잘할 때 이익을 내는 것에만 신경을 쓴다. 그러니 삶의 질과 미래를 생각하는 청년들은 당연히 기업보다는 공무원을 선호하는 것이다.

요즘 젊은이들은 일을 잘해서 승진하는 것을 좋아하지 않는다고 한다. 봉급은 더 받을 수 있지만, 자기 일에 대한 책임과 스트레스가 싫다는 것이다. 그래서 지금 그 자리에 안주하기를 원한다.

"여기가 좋사오니 그대로 쭉~~"

개념으로 산다

세계적인 투자가 짐 로저스는 공무원에 열광하는 한국의 상황을 보고 이렇게 말했다.

"한국 청년들이 공무원을 꿈꾸는데, 이런 경우는 세계 어디에
도 없다."

최첨단 산업, 초일류국가를 기획하고 준비하는 대한민국에서 정작 청년의 꿈이 공무원이라니? 이런 상황에 세계 석학들은 놀라워한다.

대한민국, 대단하다!

드라마, 음악, 영화 등 놀라게 하는 데는 일가견이 있다. 시험에 1등 하고, 에세이도 잘 쓰고, 선행학습도 잘하고, 책도 열심히 읽고, 지혜를 얻어서는 공무원이 되려는 거다.

앞으로 그런 시대가 올지도 모르겠다. AI처럼 모르는 게 없는 우수한 인재가 자신의 안정을 위해, 미래의 불안을 없애기 위해 동사무소에서 등본 떼 주는 단순한 일에 자신의 젊음을 바치는 그런 시대 말이다. 그냥 웃자고 하는 말이지만, 모골이 송연해진다.

90년대생의 생각이 온다

90년생 이전에 '밀레니얼 세대'가 있었다. 밀레니얼 세대란 80년대에 출생한 사람들을 가리키는 말이다. 이들은 90년생과 달리 덜 반항적이다. 착해빠진 순둥이다. 이 세대는 실용적인 생각을 한다. 그리고 개인의 가치보다는 집단의 가치를 먼저 생각하고, 권리보다는 책임과 의무를, 감정보다는 명예를, 말보다는 행동을 중시한다.

이들과 90년대생을 비교해 보자. 90년대 생은 한마디로 '마우스' 세대이다. 그래서 그런지 이들은 자기 또래가 아니면 '셧 더 마우스!'다. 이들은 디지털 문화와 정보에 익숙하고, 숙달했다. 통달했다. 완전 달인이다.

이들 세대를 향해서 나이 많은 분들은 이렇게 말한다.

"열정이 없다."

"도전 정신이 없다."

뒷방 노인들은 원래 그렇게 말만 많다. 그러나 이것은 생각의 오류이다. 90년생을 잘 모르고 오해한 것이다. 90년대생은 회사에 대한 충성보다 나의 성장이 더 중요한 세대이다. 그래서 그들은 회사에 헌신하면 나중에는 헌신짝 되어 버려진다고 생각한다.

이들이 이런 사고를 갖게 된 것은 70년대생의 구조조정의 분위기와 80년대생의 금융위기를 보고 자랐기 때문이다. 어깨너머로 사회

개념으로 산다

전반의 위기 상황을 예의주시하면서 몸으로 터득한 것이다. 그래서 이들은 인간다운 삶을 살기를 원한다. 그래서 나온 신조어가 '워라밸'*이다. 즉 일과 생활의 균형이 무엇보다 중요하다.

이들을 이해하기 위해서는 성장 배경을 연구하는 것이 중요하다. 우리가 성경을 읽을 때 배경 문화를 충분히 이해해야 하는 것처럼 말이다.

그러면 어떻게 살아야 하는가?

그렇다면 밀레니얼 세대와 90년대생이 공존하는 이 사회 속에서 우리는 어떻게 소통하고 살아야 하는가? 우리가 일하는 일터에서 그리스도인으로서 어떻게 살아야 하는가?

먼저는, 성숙한 그리스도인이 되어야 한다. 예수를 믿는 우리는 세상의 '소금과 빛'이라고 주님은 말씀하셨다. 교회 안에서가 아니라 '세상의' 소금과 빛이라고 힘주어 말씀하셨다.

우리가 사는 세상은 성장 일변도로 변화하고 있다. 이와 반대로 기독교는 성숙을 강조한다. 성공이냐? 성화냐? 성공한 사람이 성화의 사람이 되면 금상첨화지만, "성공한 사람이 돈을 더 벌려고 성화

---

* '일과 삶의 균형'이라는 의미인 'Work-life balance'의 준말.

야?" 하면 '화천대유'가 되는 것이다.

세계적인 복음주의 신학자 존 스토트는 이렇게 말했다.

> "온전한 그리스도인이란 예수 그리스도께 전적으로 헌신하는
> 사람이다."

'온전하다'는 것은 '전적'이라는 의미이다. 헌신은 남는 것을 바치는 것이 아니라, 전체를 바치는 것이다. 하나님은 자투리를 바치는 것을 원하시지 않기 때문이다.

《교회 경영학》을 쓴 이장로 교수는 온전한 그리스도인에 대해 다음과 같이 말한다.

> "개인적, 사적, 공적, 가정, 사회에서 온통 번제물로 하나님께
> 바쳐진 사람이다."

이런 사람이 일터를 지켜야 한다. 그렇지 않으면 우리의 일터는 돈에 눈먼 무서운 전쟁터가 된다.

'병맛'이 아니라 '참맛'이 와라!!!

기독교 작가인 오스 기니스는 《소명》이라는 책에서 이렇게 말하고 있다.

> "하나님이 우리를 부르셨기에 우리의 특별한 헌신과 역동성으로 그분의 소환에 응답해야 한다."

그렇게 하기 위해서는 3가지에 전적으로 헌신해야 한다.

첫째는, 존재 전체를 헌신해야 한다.

내 존재 전체를 산 제물로 드려야 한다. 우리의 존재는 전적으로 타락한 죄인이다. 하나님의 형상이 죄로 인해 일순간 타락했다. 그래서 우리는 본질을 잃고 오류 속에서, 자기 우상 속에서 살아가고 있다. 그런데 하나님의 사랑으로 우리 죄를 사하시고, 다시 하나님의 형상을 회복시켜 주셨다. 이 사실을 아는 존재로 살아가야 한다.

이제 우리는 예수 때문에 그분의 아들이 되었다. 제발 그리스도인이라고 소개하고는 "병맛이야!" 하는 소리를 듣지 말기 바란다. "그 사람 참맛이야!" 소리를 듣는 사람, 사람들이 다시 또 보고 싶어 하는 참 그리스도인이 되길 소망한다.

둘째는, 행위 전체를 헌신해야 한다.

우리의 모든 행위는 하나님의 영광을 나타내야 한다. 내 손짓, 발짓, 몸짓, 이 모든 것이 하나님 나라를 위한 예배가 되어야 한다. 삶이 예배가 될 때 부족한 내 지체도 세상을 밝히는 등불이 될 것이다.

마지막은, 소유적 부르심이다.

여기서 '소유'란 물질적 소유를 말하는 것이 아니다. 우리가 하나님의 소유된 백성임을 말하는 것이다. 즉 우리의 소속을 의미한다. 내 소속은 곧 신분과 동의어이다.

우리는 왕 같은 제사장이요 그의 소유된 백성이다. 그러므로 우리는 자기가 누구인지를 알고, 자기 정체성을 분명히 해야 한다. 내 주소지는 하나님 나라이고, 내 상황은 하나님의 통치를 받고 있다는 것을 알아야 한다.

소망의 꼰대

나에게는 작은 소망이 하나 있다. 그것은 '꼰대'가 되고 싶다는 것이다. 꼰대가 되는 것은 시대를 거스르는 것이므로, 사람들에게 미움받을 수도 있을 것이다. 신선한 90년생이 아니라 구닥다리 90살이라고 놀림 받을 수도 있을 것이다.

늙은 꼰대!! 그들이 나를 꼰대라고 싫어한다고 해도 두 가지는 반드시 실천할 것이다. 첫째, 계속해서 너희들에게 불평할 것이고, 둘째, 너희들에게 계속 잘난 척할 것이다.

불평은, "너희들, 그렇게 살면 목적 없는 인생이야"라고 외칠 것이다. 너희들에게 필요한 것은 시험의 답이 아니라 더 큰 목적을 아는 것이며, 그것은 바로 주님 손안에 있다는 사실을 계속해서 알려줄 것이다.

잘난 척은, 먼저 믿은 사람의 눈으로 볼 때 "너희들이 접하는 모든 지혜라는 것은 실은 초등학문에 지나지 않는 것"이라고 단호하게 말해줄 것이다.

나는 꼰대다. 90살 먹은 꼰대라고 놀림 받아도 좋다. 그 '놀림'이 주님 안에서 사용되면 '놀람'이 된다는 걸 믿으니까 말이다. 감동을 주었던 맨발의 최춘선 할아버지처럼, "제발 예수님을 나의 구주로 삼고 살라"고, 피켓을 들고 외치고 싶다. 진심이 본심이고 본심은 곧 통하기 때문이다.

🔥 생각의 불

"지금 우리가 자신이라고 부르는 것을 몰아내고 그분이 우리를 취하시게 할수록 우리는 더욱 진정한 자아가 되어 간다."

– C.S 루이스

개념으로 산다

공간을 내어주는 공감

마음을 읽어드립니다

리처드 베리는 "신이 인간에게 책이라는 구원의 손길을 주지 않았다면 지상의 모든 영광은 망각 속에 묻히고 말았을 것이다"라고 했다. 신의 물방울이 '와인'이라면 책은 영혼의 물방울이다.

"수석천석!!!"

水滴穿石

떨어지는 물방울이 돌을 뚫는다.

지혜의 물방울이 인간의 굳은 마음을 뚫는다. 얼마나 기막힌 말인가? "책은 도끼여야만 한다"는 파스칼의 말처럼, 책은 영혼의 물방울이 되어 메마른 인간의 심령을 적셔야 한다.

지친 영혼을 달랠 시간도 부족하고, 평생 돈을 모아도 강남에 땅한 평도 못사는 사람이 허다하니 세상살이가 너무나 답답하다. 어디가서 시원하게 마음 터놓고 얘기할 시간도 부족하다. 그렇다고 책을읽을 시간은 더더욱 없다. 이러다 보니 '욜로족'도 모자라 '골로족'이 등장했다. 이러다가 '골로' 가겠다는 거다.

책은 공감의 공간이다

요즘 핫hot한 방송국 기획 프로그램으로 '요즘 책방, 책을 읽어드립니다'가 있다. 이 프로그램의 목적은 바빠서 책 읽을 시간도 없고, 읽으려고 해도 내용이 어려운 이들에게 알기 쉽게 풀어주는 프로그램이다.

왜 이런 프로그램이 생겼을까? 기업의 이익을 위해 광고를 내보내고, 철저히 공생 관계를 지향하는 방송국에서 왜 이런 기획을 했을까? 시대의 변화 때문일 것이다. 20세기가 이성이 주도하던 '브레인스토밍'의 시대였다면, 21세기는 마음과 관계를 사로잡는 '하트스토밍'의 시대로 전환했기 때문이다.

결국, 공감이다. 공감은 공간적인 개념이다. 내 마음의 공간에 상대방의 마음을 받아들이는 마음 넓히기다. 세상은 평등을 원하지만 무너진 우리 마음은 깊은 공감을 원한다. 공감은 상대방을 위해 내 것을 내어주고, 내 시간을 낭비하는 것이다. 그런 마음을 상대방이 알 때 감격하고 감동하고 감사한다. 요즘 부부가 왜 갈라서는가? 이유는 서로 공감이 없어서다.

이런 말이 있다.

> "부부가 돈 없는 건 참겠는데, 공감 없이는 한 공간에 있기도 싫다."

결국, 문제는 공감이다.

두 개의 심장으로 '올린'ollin

'올린'은 고대 멕시코의 원주민 아즈텍족에서 온 단어인데, 집중적이고 즉각적인 움직임을 말한다. 올린을 풀이하면 "지금 곧 온 심장을 다해 움직이고 행동하라"는 뜻이다. 공감하려면 '올린' 하면 된다.

전 국가대표 축구 선수, 영국 최고의 명문 구단에서 활약한, 두 개의 심장을 가진 선수! 바로 박지성 선수다. 그의 탁월함은 성실성에서 왔지만, 세계가 가장 주목했던 것은 그의 이타적인 플레이다. 관객석에서 보면 그의 진가를 다 알 수 없다. 그런데 공중에서 그의 활동량을 보면 두 개의 심장을 가진 선수란 걸 안다.

영국 기자들이 탄성을 지른다.

"저거 사람 맞아?"

박지성의 플레이에 보는 사람 심장이 터질 것 같단다. 그만큼 누구보다 열심히 뛴다. 최전방에서 안방 수비까지 종횡무진 뛰어다닌다.

함께 뛰는 선수들로부터 인정을 받게 된 것은, 자신이 골 넣을 기회가 왔는데도 다른 선수에게 양보한 그의 마음 때문이다. 양보한 '공' 하나로 선수들에게 '공'감이 된 것이다. '올린'을 실천해서 대박 주가를 '올린' 박지성이다.

맞장구

한국 최고의 MC 유재석! '유느님'이라는 별명으로 신의 경지에 오른 개그맨이다. 그의 성공비결은 '공감'이다. 더 많은 시간을 홀로 진행하고 스포트라이트를 받고 싶지만, 초대한 연예인들을 배려하는 성숙한 진행으로 최고의 자리에 올랐다.

그는 한국의 오프라 윈프리다. 토크쇼의 여왕인 오프라와 대화하다 보면, '절대로 이런 얘기는 하지 말아야지' 하는 내용까지 다 터놓고 얘기하게 된다고 한다. 유재석도 그렇게 편하게 얘기하고픈 사람 중 하나다. 그의 미담이 오늘날도 계속 이어지는 걸 보면, 그의 행동은 늘 '올린'이다. 그의 맞장구는 벗겨진 마네킹에 멋진 옷을 입히는, 공감의 디자이너의 손길과 같다.

'올린' 아닌 '울린'

공감의 맞장구도 있지만, 서로를 불편하게 하는 '맞짱'구도 있다. 방송 중에 한 남자 MC가 출연한 여자 연예인에게 근황을 물었다.
"요즘 어때요?"
"요즘 해피해요."
그러자 남자 MC가 이런 말로 받아쳤다.
" '해피'가 아니라 '헤프'겠죠?"
순간 스튜디오는 '얼음 땡'이 되었다. 재미있으라고 던진 유머였지만, 상대방 얼굴에 그대로 꽂힌 데드볼이었다. 이후 두 사람 사이는 극도로 나빠졌고, 지금까지도 멀어진 관계가 풀리지 않았다고 한다. 이건 상대를 '올린'게 아니라 상대를 '울린' 상황이다.
유머에 이런 명언이 있다.

"유머는 비난하는 상대에게서도 사랑을 찾아내는 것이다."

유머의 어원에는 사랑도 있고, 흙이라는 단어도 있다. 유머는 더욱 친밀한 사랑을 표현하고, 상대의 허물을 덮어주는 단어다. 그런데 이 남자 MC는 사랑하는 마음도 없이, 그냥 흙으로 파 묻어버린 것이다. 한 마디로 자기 인격을 다 드러낸 것이다.

인간 실격이다. 이 남자 MC는 순간 이렇게 바뀐 것이다. Mad Ceremonies!!*

말 그릇은 곧 공감의 그릇

김윤나 강사는 그녀의 책 《말 그릇》에서 이렇게 말하고 있다.

관계적 대화에는 두 가지가 있는데, 하나는 '씨름의 방식'이다. 이 방식은 상대방을 굴복시킨다. 둘 중에 한 사람은 승리의 포효를 외치겠지만, 나가떨어진 또 한 사람은 굴복의 아픔을 영원히 잊지 못한다. 씨름의 방식으로는 내 심장을 내주는 '올린' 같은 행동은 나오지 않는다.

또 하나는 '왈츠의 방식'이다. 어쩌면 '올린'에 가장 적합한 방식이다. 왈츠는 동행이며, 버티지 않고 함께 간다. 상대가 앞으로

---

* 원래는 'Master of Ceremonies'이다.

개념으로 산다

나오면 내가 그만큼 물러서고, 내가 앞으로 나오면 상대는 그만큼 물러선다. 두 사람은 아름다운 선율에 맞춰 공감의 대화를 완성해간다.

유사 공감에 주의하세요!!

'지루박!'

탱고를 추면서 시끄러운 선율에 맞춰 어둠의 경로로 대화를 시도한 뭇 여성들이 있다. 그녀들은 남편과 공감이 안 된다고, 몇천 원의 입장료를 내고 대화 상대를 찾다가 마수의 늪에 빠져 몇천만 원을 날린다.

내가 앞으로 나오면 오히려 붙고, 내가 떨어지면 따라와 붙는 은밀한 유혹이 있다. 이것은 공감이 아니라 '공갈'이다. 공갈은 대화對話가 아니라 대화大火이다. 가정을 깨는 방화범이다. 오던 인생을 멈추게 하는 급정거다.

이런 부류의 실격된 인간을 우리는 공감을 파괴하는 환자患者 같다고 한다.* 환자의 '환'患을 보면 벌레 두 마리가 마음 심心에 꼬챙이로

---

* 명작 독서 명품 인생, 이상욱, 예영커뮤니케이션.

찔려 있는 모양새를 하고 있다. 질병의 고통은 외부적 요인벌레과 내부적 요인마음이 합쳐져 생기는 것이라는 암시가 있다. 이처럼 우리도 절대 외부적 요인인 벌레를 함부로 내 공간에 들여 넣어 주지 말아야 한다. 이제 우리 사회에 필요한 건 일시적 소독이 아니라 철저한 방역이다.

 생각의 불

> 너희 마음속에 독한 시기와 다툼이 있으면 자랑하지 말라
> 진리를 거슬러 거짓말하지 말라 _약 3:14

개념으로 산다

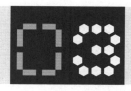

그것이 알고 싶다

"설탕물은 아무리 노력해도 소금물로 바꿀 수 없다."

"거짓말은 아무리 노력해도 진실이 되지 않는다."

그것이 알고 싶다

다음은 퀴즈 목록에서 발췌한 질문이다.*

1. 누가 전구를 발명했는가?

2. 황소는 보통 어떤 색깔을 보면 화를 내는가?

3. 엘리야가 승천할 때 타고 올라간 것은?

답은?

---

* 사람은 어떻게 생각하고 배우고 기억하는가?, 제레드 쿠니 호바스, 토네이도.

여러분의 답과 맞춰보길 바란다. 대신 좌절 금지다. 난 독자를 사랑한다. 스트레스 주려고 이 글을 쓰는 건 절대 아니다. 잠시 시간을 내서 확인해보자.

1. 누가 전구를 발명했는가?
    '토마스 에디슨'
2. 황소는 보통 어떤 색깔을 보면 화를 내는가?
    '빨간색'
3. 엘리야가 승천할 때 타고 올라간 것은?
    '불병거'

만약 이렇게 답을 썼다면 전부 틀렸다. 이것을 오류라고 한다. 오류는 예측과 현실 사이의 불일치를 우리에게 알려준다. 만약 답을 모른다면 이는 오류가 아니다. 그냥 모르는 것뿐이다.

그것을 알려주마

궁금한 조급증 독자를 위해 설명해주겠다.

1. 전구는 누가 발명했는가?

개념으로 산다

'워렌 라 루'다.

토머스 에디슨은 전구를 상용화시켰지만 발명하지는 않았다.

2. 황소는 보통 어떤 색깔을 보고 화를 내는가?

'없음'

황소는 이색성 색맹이며, 빨간색을 감지해 낼 수 없다.

3. 엘리야가 승천할 때 타고 올라간 것은?

'회오리바람'이다.

진짜 답을 확인하니까 기분이 좀 그렇고, 본인의 답이 틀리니까 약간은 실망했을 것이다. 내가 위의 책을 읽고 여기에 쓴 것은 다 이유가 있다. 우리는 보통 어떤 문제의 해결책이 흥미를 줄 것으로 생각하지만, 사람은 해결책 자체보다는 해결책을 찾는 과정에서 더 짜릿한 재미를 느낀다고 한다.

그것을 알고 있나?

이런 은혜로운 이야기를 들어본 적이 있을 것이다.

미국 항공우주국에 해로드 힐이라는 과학자가 있었다. 그는 수백만 년의 지구 역사를 추적해갔다. 그러다가 발견한 것이 있는데, 지구 역사에서 일정 기간의 시간이 두 번 사라져 버렸다는 것이다. 한 번은 23시간 30분, 한 번은 40분 정도였다. 즉, 그 시간이 비어 있었던 것이다.

그는 과학으로 답을 찾을 수 없었다. 그런데 여호수아 10장 12~13절을 읽다가 답을 찾았다. 여호수아 10장에는 여호수아가 전쟁할 때 하나님의 기적으로 지구가 하루 가까이 멈춘 사건이 기록되어 있다. 해로드 힐은 그 연대를 찾아 슈퍼컴퓨터에 입력했다. 입력하자마자 사라진 시간이 성경과 기가 막히게 일치했음을 발견했다. 해로드 힐은 땅에 엎드려 이렇게 고백했다.

"하나님 정말 거기 계셨군요!"

그는 그때부터 신실한 기독교인으로 살았다. 뼛속 깊이 하나님의 말씀을 새긴 것이다.

이 이야기는 읽는 내내 얼마나 우리에게 큰 기쁨이 되는가? 성경 말씀이 과학적으로도 증명되는 놀라운 간증 글이다.

"그런데 말입니다."배우 김상중 톤으로

여기 나온 이 얘기는 사실이 아니다. 잘 만들어진 얘기이다. '해로드 힐'이라는 과학자는 가상의 인물이며, 당연히 미국 항공 우주국

개념으로 산다

'나사'에 근무한 적도 없다.

중요한 것은, 당장 도움이 되는 해결책보다는 '이것이 맞는가, 아닌가?'를 찾는 과정이다. 우리가 보고 믿는 모든 것에 의문을 품고 접근하며, 당장에 답을 얻는 해결책보다 더 중요한 과정, 그리고 '잘못된 게 아닌가?' 하고 질문하는 과정이 필요하다.

어떤 것이 단순한 정보 취득에 그칠 뿐 탐구로 이어지지 않는다면, 그 믿음은 거짓 믿음이 되기 쉽다. 신앙의 출발도 마찬가지이다. 신앙의 출발은 바로 질문이다. 그리고 좋은 질문이 그 사람의 수준까지도 결정한다.

그것이 궁금하다

"은혜만 받으면 되지, 과정이 뭐가 중요해?"
"구원만 받으면 되지, 삶이 뭐가 필요해?"
우리가 종종 하는 말이다. 그러나 우리는 기억해야 한다. 당장 내가 원하는 답이 나오길 바라는 것은 기독교가 아니다. 그것은 기독교가 아니라 '기복주의'이다.

기독교는 하나님을 믿는 우리에게 복을 주지만, 기복주의는 하나님은 생각하지 않고 오직 복만을 추구한다. 철저히 자신이 받을 복에만 관심이 있다. 이런 사람에게 나를 향하신 하나님의 뜻은 중요하지 않다. 내 뜻이 더 중요하다.

　익히 들어서 잘 알고 있는 이야기를 하겠다. 바로 독수리에 관한 예화다.

　　여러분은 하늘의 제왕 독수리를 아는가? 독수리의 수명은 70년가량이다. 독수리가 중년의 때가 오면 고비가 찾아온다. 날개 깃털은 무거워지고, 발톱은 무뎌지며, 부리는 구부러져서 사냥하기에 부적합해진다.

　　그러면 독수리는 높은 산 바위 꼭대기에 올라가 구부러진 부리를 바위에 짓이겨 뽑아내고, 무뎌진 발톱을 다 뽑고, 무거워진 깃털을 다 뽑아낸다. 그렇게 5~6개월간 인고의 세월을 보내면 새로운 부리와 발톱이 나오고, 마침내 독수리는 새 힘을 얻게 되어 하늘의 제왕으로서 남은 인생을 살게 된다.

　이것이 바로 독수리의 '환골탈태론'이다. 우리는 이 예화를 참 많이 들었다. 독수리처럼 고난의 발톱을 뽑고, 환난의 부리를 부러뜨려 새롭게 거듭나자는 예화! 이 예화를 듣는 순간, 희망의 발톱이 나고, 소망의 부리가 나올 것만 같았다. 회개와 변화를 촉구하는 주님의 음성이 들리는 것 같았다.

개념으로 산다

"회개하자. 말씀의 바위에 내 발톱과 욕심을 부러뜨리자. 그리고 새롭게 태어나자. 이제 옛사람은 죽고 새사람이 되었다. 이것이 거듭남이다. 우리를 변화시키는 그 바위는 바로 예수 그리스도."

"그런데 말입니다." 배우 김상중 톤으로.

이것은 절대로 사실이 아니다. 잎사귀가 새로 돋아나듯 손상된 신체 기관이 재생되는 동물은 세상에 없다고 한다. 상징과 비유가 과학적 사실로 잘못 인식되어서 무분별하게 인용되어 온 것이다. 앞으로는 사실관계에 더 신경을 써야 한다.

그것을 알려야 한다

이렇게 말하고 싶다. 이성이 작동하는 것은 인간에게 참으로 중요한 일이지만, 이성이 오작동하는 것은 참으로 불행한 일이다. 이성이 오작동해서 오해와 오류가 생기고, 여기서 이단과 사이비가 탄생한다.

진리가 오작동하면 인간에게 큰 해를 끼친다는 사실을 우리는 너무나 잘 알고 있다. 인류 역사에서 성스러움과 폭력은 이웃사촌이라는 말처럼, 인간의 역사에서 진리와 거짓은 친한 자매와 같다는 것을 명심해야 한다.

 생각의 불

모든 것이 가하나 모든 것이 유익한 것은 아니요 모든 것이 가하나
모든 것이 덕을 세우는 것은 아니니 _고전 10:23

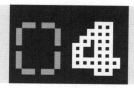

나쁜 놈, 이상한 놈, 좋은 넘

하나님의 벽돌 깨기

어릴 적, 푼돈으로 즐길 수 있는 유일한 재미는 바로 전자오락이었다. 학교 앞 문방구에 설치된 '내 눈에 보물 상자', 흐릿하지만 내겐 신기한 화면, 놀라울 정도의 빠른 손놀림. 옹기종기 모여 앉아 서로 경쟁한다. 거기서 최고점을 올리면 그 아이는 금방 영웅이 된다. 물론 우리끼리지만 말이다. 지금도 기억난다. 추억의 '벽돌 깨기!'

신앙의 본질은 해체다. 자기 우상을 깨뜨리기다. 인간은 탐욕의 벽돌을 쌓는다. 하나님은 그 벽돌을 깨신다. 마치 게임 하듯이 벽돌 깨기를 하신다. 인간이 하나님을 당해낼 수 없다. 하나님의 점수는 무한정 올라가고, 인간이 쌓아 올린 블록은 무조건 깨진다.

하나님의 이름으로 사랑의 벽돌이 오셨다. 그 벽돌은 연하디연한 순 같고, 고운 모양도 없다. 그 벽돌이 온 것은 우리를 위해 대신 해체되기 위해서다. 우리 인간은 그 벽돌로 인해 모두가 깨지지 않게 되었다. 이 사건을 구원 사건이라고 한다.

이것이 하나님의 속성이다. 이것이 바로 사랑이다. 우리는 무한한 하나님의 사랑을 알게 될 때 그 사랑 앞에 고개를 숙인다. 나를 위해 살았던 생각의 벽돌이 깨지면서 나 자신의 모습을 직면한다. 내가 죄인임을 고백한다. 이것을 '회개'라고 한다.

이 상태에서 하나님께 돌아가면 우리는 구원의 벽돌이 된다. 이 과정을 '사랑의 벽돌 깨기'라 한다. 이제 예수 안에서 옛 벽돌은 깨지고 거듭난 새 벽돌이 된다. 영원히 무너지지 않을 새 성전의 벽돌이 된다. 이는 전적인 하나님의 은혜이다.

세 종류의 사람

어떤 일을 할 때 세 종류의 사람이 있다.

- 억지로 하는 사람

- 시켜서 하는 사람
- 신나서 하는 사람

억지로 하는 사람에게는 기쁨이 없다. 하기 싫은데 무슨 즐거움이 있겠는가? 시켜서 하는 것은 굴복이고, 굴종이다. 여기서도 기쁨이 나오지 않는다. 그저 을의 괴로움이다.

신나서 하는 사람에게는 기쁨이 있다. 이런 사람은 하나님께 합당한 사람이다. 그의 순종은 자발적 순종으로 이어진다. 하나님 앞에 섰을 때도 "나는 무익한 종입니다"눅 17:10라고 고백한다.

세상에도 세 종류의 사람이 있다.

- 하나님을 끝까지 대적하는 나쁜 놈*
- 하나님을 왜곡하는 이상한 놈
- 하나님의 뜻대로 살려는 좋은 넘

성경은 성선설을 말하지 않는다. 오히려 성악설을 말한다. 증거는 에덴동산에 있다. 하나님의 명령을 어기고 하나님과 뱀 사이에서 양다리 걸치면서, 아담과 하와는 결국 선악을 아는 나무의 열매를 먹

---

* 김지운 감독의 영화 제목이라 그대로 쓴다. 절대 인간을 비하하려고 한 것은 아니다.

었다. 결과는 추방이다. 에덴의 추장으로 세워 놨더니 결국 추방당했다. 꼴 좋게 됐다.

너도 욕하지 마라. 너도 아담의 후예인 것을. 인류 전체가 아담의 후손인 것을. 나쁜 놈은 '나뿐'인 놈이다. 하나님보다 내가 우선이고, 내가 우상이다. 내가 최고라고 우기지 않았던가?

N번 방의 도적

'7번 방의 기적'이란 영화가 있다. 가족 영화다. 천만이 넘는 관객이 봤다. 모두가 울고 웃었다. 이런 영화는 두고두고 기억에 남는다.

어떤 놈이 'N번 방의 기적'을 만들고 싶었다. 원하는 것을 주고, 원하는 것을 받는 구조다. 이를 은밀한 거래라고 한다. 음욕을 팔아 탐욕을 채운 것이다. 영혼의 간음이다.

이를 만든 놈은 25세 젊은이다. 성적 음란물을 올려서 탐욕의 블록을 쌓고 싶었다. 음욕의 블록을 쌓고 싶어 들어온 사람들만 수십만 명이다. 돈은 블록체인으로 받았다. 그것도 모자라 여성들을 성적 노예로 만들어 노리개로 삼았다. 성적 학대를 일삼았다.

그러자 여론이 들끓었다. 신상을 공개하고 가중처벌하라고 항의했다. 정부가 긴장했다. 정치권도 움직였다. 이제 이런 형태의 범죄에는 솜방망이 처벌이 아니라, 묵직한 쇠 방망이의 한 방을 날려야 한다. 한 번의 실수가 대학입시를 망치는 것처럼, 한 번의 범죄가 인생 전체를 망치는 교훈을 말이다.

성경에도 간음의 블록을 깨뜨린 사건이 나온다. 민수기 25장에 보면 이스라엘이 싯딤에 머무는 동안 백성들이 모압 사람의 딸들과 음행하기 시작한다. 모압 사람의 딸들이 자기 신들에게 바치는 제사에 이스라엘 백성을 초대하였다. 일명 모압, 즉 M번 방의 사건이다. 이스라엘 백성이 모압의 신 바알브올과 결합했다.

그러자 진노하신 하나님이 염병으로 치셔서 2만 4천 명이 죽었다. 이때 아론의 손자 엘르아살의 아들 비느하스가 미디안 여자를 데리고 집으로 들어가는 이스라엘 자손을 보고, 창을 들고나와 찔러 죽였다. 그러자 염병이 그쳤다.

세상 모든 거민들아 여호와를 두려워할지어다 _시 33:4

세상의 잘난 놈

"타인의 꿈을 좇지 말라. 미래는 이상을 품은 자에게만 열린다."

이 말은 중국의 알리바바 회장 마윈의 말이다. 나도 이런 말을 할 수 있다. 그런데 사람들이 내 말은 안 듣는다. 이유는 하나. '지금 내가 어떤 자리에 있느냐?'를 보기 때문이다.

세상은 보이는 것으로 판단한다. 세상은 성공과 부를 동일시한다. 부자는 성공한 것이고, 성공은 곧 돈이 많은 것이다. 그러나 부자는 돈이 많은 것이지, 결코 성공한 것이 아니다.

기독교는 다르다. 그래서 구별이라고 한다. 기독교는 세상의 지혜를 하나님 보시기에 어리석은 것이라고 한다. 하나님은 세상과 다르게 사용하신다. 타인의 꿈이 아닌 하나님의 뜻을 말이다.

미래는 이상을 품은 자가 아니라 하나님을 믿는 자의 것이다. 우리는 미래가 하나님의 손에 있음을 알아야 한다. 하나님의 공식은 마윈의 공식과는 완전히 다르다. 피조물과 창조자의 생각 차이만큼이나 다르다.

헛된 궤변에 속지 말자. 예를 들어 우리가 정치인들의 말을 다 믿지 않는 것은 그들이 말뿐이라는 것을 익히 알기 때문이다. 더 이상 속지 않는 것은 우리가 성숙해서가 아니라 그들의 거짓말이 역사 속에서 증명되었기 때문이다.

놀라운 놈

경희대 경영대학원 이동규 교수의 책《생각의 차이가 일류를 만든다》에는 놀라운 혁명을 일으킨 기업들이 나온다. 세계 최대의 콘텐츠 회사인 '페이스북'은 콘텐츠를 만들지 않는다. 세계 최대의 택시 회사 '우버'에는 택시가 한 대도 없다. 세계 최대 숙박 업체인 '에어비앤비'는 소유 호텔이 하나도 없다.

이런 변화는 인류가 한 번도 경험해보지 못한 것이다. 이 글을 읽으면서 정말 위대한 하나님을 본다. 인간에게 숨을 불어넣으시고 생명을 주신 하나님, 그 하나님의 놀라운 창조 사건을 통해 인간이 이렇게 위대한 생각을 하니 말이다.

아쉬운 것은, 인간은 추월만을 생각하고 하나님의 초월하심을 깨닫지 못한다는 것이다. 이렇게 놀라운 하나님을 알면서도, 단기간에 가장 교회가 부흥했음에도, 전 세계에서 대형교회가 가장 많음에도 불구하고 훗날 이런 평가를 받을지도 모른다.

"여의도 S 복음 교회 성도 60만, 그런데 하나님이 없다."

"M 교회, 교회 세습으로 사회와 교계로부터 지탄받았다. 그래서 하나님이 없다."

이상한 놈

　하나님은 인간을 구별하셨다. 세상과 전혀 다른 방식으로 살게 하셨다. 고린도전서 1장 27절 이하에 보면 이런 말씀이 나온다.

> 27 그러나 하나님께서 세상의 미련한 것들을 택하사 지혜 있는 자들을 부끄럽게 하려 하시고 세상의 약한 것들을 택하사 강한 것들을 부끄럽게 하려 하시며 28 하나님께서 세상의 천한 것들과 멸시 받는 것들과 없는 것들을 택하사 있는 것들을 폐하려 하시나니 29 이는 아무 육체도 하나님 앞에서 자랑하지 못하게 하심이라 _고전 1:27-29

　이것이 하나님의 뜻이다. 그래서 기독교인은 세상이 보기에 이상한 놈으로 비친다. 목숨까지도 하나님의 손에 있음을 알기에 추월이 아닌 초월의 삶을 산다. 예수님의 뜻을 오해하고 무지했던 제자들은 예수님 사후에 성령님이 오시자 복음 전파의 전사戰士가 되어 맹렬히 복음을 전하다 장렬히 전사戰死했다.

　짐 엘리엇은 에콰도르의 정글 속 와오다니 부족에게 복음을 전하기 위해 현지에서 언어와 풍습을 익히며 함께 할 친구들을 모았다. 짐 엘리엇과 일행 4명은 와오다니 부족민들과 접촉하려 했으나, 백인에 적대적인 원주민들의 창에 공격을 받아 전원 사망했다. 그들은 주머니에 권총이 있었지만 그들을 향하여 발포하지 않았다.

그 이후 짐 엘리엇의 아내가 딸과 함께 아우카 부족을 찾아갔다. 그들의 헌신적인 봉사와 노력으로 그곳이 복음화되었다. 선교사를 살해했던 3명은 현지의 목사와 지도자들이 되었다.

짐 엘리엇은 이렇게 말했다.

> "영원한 것을 얻기 위해 영원하지 않은 것을 버리는 자는 결코 어리석은 자가 아니다."

한국의 양화진 묘지에는 자신의 조국을 떠나 한국에 온 수많은 선교사가 잠들어 있다. 육신은 땅에 묻혀 백골이 진토가 되었지만, 그들의 복음에 대한 사랑은 영원히 주님의 생명책에 기록되어 있을 것이다.

상식 깨뜨리기

극도의 고통을 참을 수 있게 하는 것은 절대 사건밖에 없다. 그것은 부활이다. 부활은 다른 종교에는 없다. 오직 기독교에만 사실로 나타난 사건이다. 이 부활을 경험한 자들은 복음을 위해 순교할 수 있었다.

히브리서 11장 36절 이하는 다음과 같이 증언하고 있다.

> 36 또 어떤 이들은 조롱과 채찍질뿐 아니라 결박과 옥에 갇히는 시련
> 도 받았으며 37 돌로 치는 것과 톱으로 켜는 것과 시험과 칼로 죽임을
> 당하고 양과 염소의 가죽을 입고 유리하여 궁핍과 환난과 학대를 받았
> 으니 _히 11:36-37

로드니 스타크의 책 《기독교 승리의 발자취》와 《기독교의 발흥》
을 보면 로마의 박해 속에서 그리스도교가 어떻게 살아남아 세계로
퍼져나갔는지가 나와 있다. 그것은 그리스도인들이 세상과 구별되
는 하나님의 사람이었기에 가능했다.

사랑할 수 없는데 사랑하는 것, 나를 채찍질하는 주인을 위해 기도
하는 것, 버려진 아이를 데려다 키우는 것, 거지와 나병 환자를 환대
하는 것은 윤리와 도덕과 양심으로는 할 수 없는, 부활을 만난 사람
들의 행함이다.

> 믿음은 바라는 것들의 확신이요, 보이지 않는 것들의 증거입니다
> _히 11:1. 새번역

좋은 사람을 넘어 위대한 사람으로

친구親舊는 가깝고 오랜, 좋은 사이이다.
성경은 친구에 대해 이렇게 말한다.

> 사람이 친구를 위하여 자기 목숨을 버리면 이보다 더 큰 사랑이 없나니
> _요 15:13

글쓰기 모임에서 한 목사님을 만났다. 그는 당시 신학 박사과정 중에 있었는데, 한 학기를 휴학하고 대신 그 학비로 글쓰기 강좌에 왔다고 했다. 신앙과 관심사가 비슷해서 금방 친해졌다.

그가 바쁜 목회 일정으로 인해 책을 내지는 못했지만, 그 후에도 우리는 서로 연락을 주고받았다. 그 목사님이 몸담은 교회의 초청으로 내가 특강을 하고 오기도 했다. 우리는 오직 예수, 절대 시간, 글과 소통, 저자 등극이라는 같은 목적을 공유하고 있었다.

글쓰기 과정을 수료하고 6개월쯤 지난 후 전화 한 통을 드렸다. 안부 겸, 책 쓰기에 관한 조언을 들을 겸 해서였다. 그 목사님은 곧 수술할 예정이라고 했다.

"어디 아프세요?"

"아뇨, 다른 분이 아파서요."

"가족이요?"

"아뇨, 성도 한 분이요"

"잉, 근데 왜 수술을?"

"예, 성도 한 분이 신장이 안 좋은데, 제 신장이 맞는대요. 그래서 신장 이식을 위해 수술합니다."

"아….."

성도를 사랑한다고 말로 하기는 쉽다. 그런데 실천하기는 어렵다. 수술하는 성도의 가족 중에 환자의 신장과 맞는 분이 없었나 보다. 그래서 이 목사는 기꺼이 자신의 신장을 내어주기로 했다는 것이다.

나는 말했다.

"귀한 결단 하셨습니다."

"사랑을 삶으로 보여주셨습니다."

수술 전에 전화가 왔다.

"기도 부탁드립니다."

"당연하죠. 수술 잘 돼서 하나님께 영광 올리시기를 기도하겠습니다."

"감사합니다. 그런데, 이번 수술로 이상한 얘기가 나와서 기도 부탁해요"

"예?

"예, 교회 성도들이 악한 소문을 내서요."

"예? 어떤 소문요?"

"제가 돈을 받고 성도에게 신장을 주는 거라고요."

"예? 뭐라고요? 목사님이 돈 받고 신장을 파는 거란 말이죠?"

이건 아니다. 선의의 행동을 이렇게 왜곡하는 것은 아니다. 이 목사님은 예수님 때문에 자발적으로 순종한 것이지, 돈을 위해 내 몸을 내어준 게 아니다. 너무 두렵고 무서웠다. 왜곡의 현장, 인간 실격의 현장이 내 눈앞에 있었다. 두렵고 떨리는 것은 이식 수술이 아니라 사람의 악의적인 독설이었다.

그래서 그 목사님은 수술을 끝내고 나서, 근무하던 교회를 사임하기로 했단다. 그리고 자신의 신장 기증 행위는 철저히 숨기기로 했단다. 왼손이 하는 일을 오른손이 모르게 하기 위해서란다. 오직 주님을 위한 일이었기 때문이란다. 그는 예수님 때문에 실천했는데, 성도는 돈 때문이라고 생각했다.

육신을 따라 사는 사람은 육신에 속한 것을 생각하나 성령을 따라 사는 사람은 성령에 속한 것을 생각합니다 _롬 8:5. 새번역

복음으로 세속 깨기

신앙의 절정은 인간의 죄성을 깨뜨리고, 죄의 삯인 사망의 권세를 박살 내는 거다. 이것이 신앙의 프레임 다툼이다. 자아 우상의 프레임과 하나님의 복음의 프레임 간의 대결이다.

우리 신앙의 최대 무기는 복음이다. 우리는 모두 '나쁜 놈'으로 태어나, '이상한 놈'으로 살다 죽을 놈이었지만, 하나님의 크신 사랑으로 인해 '복 받을 놈'으로 만들어 주셨다. 인간의 유한한 능력을 하나님의 무한대 능력으로 바꿔주셨다.

지금도 N번 방에 호기심으로 방을 보러 오는 놈들이 많은가 보다. 타락의 극치다. 인간의 수치다. 국민 모두는 감시하고 감독해야 한다. 그러나 우리의 능력으론 안 된다. 몸과 영을 바꿀 수 있는 것은 주 예수 그리스도밖에 없다.

구약의 바벨탑은 하나님에 대한 도전이었다. 사람들은 자기 이름을 내려고 했다. 재미의 블록, 물질의 블록, 쾌락의 블록, 음란의 블록, 우상의 블록을 세워 올라갔다. 하나님은 한 방으로 사람들을 흩

개념으로 산다

으셨다. 감히 하나님께 도전한 결과다.

그런데 하나님께서 다시 사람들을 뭉치게 하셨다. 사도행전의 오순절 사건 이후, 성령 세례가 부어지자 다시 뭉쳤다. 이번엔 복음의 블록, 은혜의 블록, 예수의 블록, 말씀의 블록, 믿음의 블록으로 말이다. 오늘도 복음은 보이지 않게 건설해 나간다.

지금 당장 선택하라. 자신을 나쁜 놈이라고 인정할수록 하나님이 가까이하신다. 자신을 좋은 놈이라고 인정할수록 하나님은 멀리하신다. 참고로 나는 게으른 놈, '게놈'*이다. 그런데 주님이 게놈을 사랑하셔서 사랑의 유전자로 바꿔주셨다.

 생각의 불

연세대를 설립한 한국 최초의 장로교 선교사인 언더우드는 뉴욕에 있는 형 존John 언더우드의 잉크와 타자기 회사가 세계 제일의 회사로 발돋움할 때, 미국으로 와서 사업을 도와달라는 부탁의 편지를 받았다. 그러나 언더우드는 새로 내한한 캐나다 선교사 그리어슨 의사 등을 데리고 함경도 탐사 여행을 하던 어느 날, 한 시골 들

---

* 게놈, 생물체를 구성하고 기능을 발휘하게 하는 모든 유전 정보의 집합체

판에서 그 편지를 보여준 뒤 그리어슨 의사가 보는 앞에서 편지를 찢어버리면서 다음과 같이 말했다.

"뉴욕에서 백만장자로 사는 것보다 한국에서 영혼을 구원하는 선교사로 사는 것이 더 멋진 삶이 아닌가!"

개념으로 산다

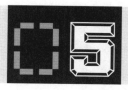

네가 왜 거기서 나와?

"문제를 일으킨 사람은 문제를 해결할 능력이 없다"

– 아인슈타인

터질 게 터졌다

터졌다. 심하게 터졌다. 간단한 코피 정도로 생각했는데, 이거 웬걸? 전 세계가 터졌다. 호흡곤란인 줄 알았는데 생사 곤란이다. 이 바이러스는 2형식이다. '걸리면 죽는다.' 접촉하면 바로 죽음에 접속된다. 한마디로 인생 접는다.

그래서 무섭다. 이런 공포가 없다. 언제쯤 멈출 것인가? 브레이크 없는 질주와 같다. 둘 중 하나다. 멈추기를 기다리던가? 아니면 우리가 펑크를 내던가?

"팬데믹!!!"

처음 들었다. 생소한 단어다. 무슨 연예인 팬 미팅 용어도 아니다. 뜻을 알고 봤더니 마치 적그리스도와 같다. '글로벌 바이러스 대유행병'이다. 번역하면 '걸리면 한 방에 훅 간다'이다.

서울대병원 홍윤철 교수는 '코로나19는 공공의 문제'라고 했다. 그의 책 《팬데믹》에서 이렇게 말하고 있다.

> "대다수의 미생물은 질병을 일으키지 않는다. 오히려 인류와 공생 관계를 유지하려 한다. 그런데 힘의 균형이 깨질 때 질병이 발생한다."

그는 지금까지 인류가 경험한 무서운 전염병들에 대해 이렇게 말한다.

> "세균이나 바이러스가 사람을 공격했다기보다는 사람이 세균의 생태계를 교란한 후 사람과 병원균 사이에서 균형을 찾아가는 과정에서 벌어진 일이다."

문제를 일으킨 것은 사람이다. 힘의 균형을 깬 것도 사람이다. 질병을 퍼뜨린 것도 사람이다. 그래서 당장 멀리해야 하는 것도 사람이다. 그런데 해결은 사람이 못한다. 이게 진짜 문제다.

이런 환경 속에서 전 세계는 한국을 주목하고 있다. 코로나19 확산을 유독 우리만 잘 막아내고 있기 때문이다. 3가지 요인이다. 효율적, 능동적, 기술적인 대처 능력이다. 이럴 때 질병관리본부와 자원봉사 의료진들, 이에 협조하는 국민 모두에게 아낌없이 칭찬을 좀 해주자.

웃기는 이야기 1

'콜레라,* 89세, 왕건, 144,000명, 재림주'
공통점은?
사이비 교주, '이많이'다.

인터넷 치면 다 나오는 얘기 말고 몇 가지만 얘기하자면, 이많이는 청계산이 보이는 과천에 진원지를 틀었다. 이유는, 구약의 시내산이 바로 청계산이기 때문이라고 한다. 시내산의 시내를 시냇물이 흐르는 심산유곡의 그 시내로 알고 있다. 그래서 시내 계溪, 즉 청계산이 보이는 곳으로 정했다고 한다. 어처구니가 없는 제멋대로의 해석이다.

---

* 이많이는 코로나19를 콜레라로 말했다.

참고로 '시내'산은 한글이 아니다. 이집트에 있는 '시나이' 반도에 있는 산이다. 그럼 하나님이 모세를 부르신 호렙산은 홀애비가 사는 곳인가?

나도 이런 식으로 말장난 하나 하겠다.

"이많이! 당신이 죽어 땅에 묻힐 그곳을 한국의 '도단'이라고 하겠다."창 37:17, 왕하 6:13

'언어도단' : 말장난으로 사람을 미혹하고 영혼을 파탄시킨 자칭 재림주가 묻힌 곳.

웃기는 이야기 2

이많이에게 여자가 있었다. 지금은 재산 때문에 갈라져서 서로 싸우고 있다. 전 여자의 성은 김金씨다. 둘은 부부가 되어 이많이의 '이'와 김남희의 '김'이 합쳐져서 '이김'이 되었단다. 그래서 요한계시록의 '이긴 자'계 2:1-7가 됐단다. 이걸 공식 행사장에서 버젓이 선전하고 있다.

그러면, '민'씨랑 사귀면 새 하늘로 '이민' 가고, '주'씨랑 사귀면 새 하늘로 '이주'하고, '조'씨랑 사귀면 이 땅에서 돈을 '이조'나 벌게 되나? 내가 '고'씨랑 결혼하면 '최고'가 되나?

복덕방 어르신들도 이런 유머는 안 한다. 당신들 신천지 '복음방'

개념으로 산다

에서는 이런 유치한 말장난을 하는가 보다.

> 사탄아, 내 뒤로 물러가라. 너는 하나님의 일을 생각하지 않고 사람의
> 일만 생각하는구나 -막 8:33. 새번역

니가 왜 거기서 나와?

사이비 신천지와 같은 미혹의 이단은 오늘날에만 만연한 게 아니다. 과거 세계 교회사를 보면 골치 아픈 이단 사이비가 등장한다. 말키온과 몬타누스다.* 무슨 개 이름 같다. 맞다. 개 사이비다.

한 청년이 로마 교회에 등록했다. 부자에다, 신앙생활도 열심이었다. 그의 이름은 '말키온'이다. 그런데 그가 이상한 말을 했다. "구약의 하나님은 유대인의 하나님이고, 유대인의 하나님은 폭력적이다"라고. 대신 "신약의 하나님은 선한 하나님이다"라고 했다.

말키온은 신약의 누가복음만 좋아했다. 로마 교회는 말키온을 추방했다. 그는 고향으로 돌아가 다른 복음을 전했다. 계시의 말씀을 자기 마음대로 난도질해서 취사선택했다.

---

* 세계 교회사 걷기, 임경근 지음, 두란노.

또, '몬타누스'라는 사람이 있다. 예전에 이방 종교의 제사장이었는데, 예수님을 믿고 그리스도인이 되었다. 그는 성경 중에서 요한복음만 좋아해서 그것만 반복해서 읽었다. 이많이가 요한계시록만 좋아해서 읽은 것처럼 말이다. 요한복음에는 성령님과 보혜사가 많이 나와서 그렇단다.

어느 날, 두 여자를 데리고 온다. 일명 예언자들이다. 그들은 오순절 방언이라면서 바닥에 넘어지고, 몸을 구르기도 하고, 깔깔깔 웃기도 했다. 그런데, 이렇게 이상한데도 교회가 부흥을 했다. 이런 능력에 매력을 느껴서 사람들이 모여든 것이다.

몬타누스는 세례를 줄 때 이렇게 말했다.

> "아버지와 아들과 성령의 이름이 아니라, 몬타누스와 프리스킬라의 이름으로."

그는 성경은 종이일 뿐이라면서, 직통 계시를 말하겠다고 했다. 새 예루살렘이 온다고 예언했고, 천년 왕국이 자기가 있는 이곳에 이루어진다고 했다. 그런 일은 당연히 일어나지 않았다. 그는 미쳐 버렸고, 스스로 목을 매 자살했다.

'썩은 물'보다 무서운 '섞은 물'

어떤 보석상에 강도가 들어왔다. 그런데 이 강도는 보석을 하나도 가져가지 않았다. 강도가 한 일은 단 하나다. 보석의 가격표를 바꿔 놓은 것이다. 고가는 저가로, 저가는 고가로 말이다. 다음 날, 보석상은 대혼란이 일어났다. 주인이 알아차렸을 때는 고가의 보석이 모두 헐값에 팔린 뒤였다.

지금 이단들의 행태가 이러하다. 그들이 한 일은 단 하나, 슬쩍 종말론과 교회론을 바꿔 놓은 것이다. 하나님을 자신으로, 자신을 하나님으로 말이다. 이것을 듣고도 추종자들은 잘못된 교리에 빠져들어 갔다.

정통교회는 이들 때문에 골치가 썩는다. 그들은 주님을 위한 교회가 아니라 자신의 배만 불리는 종교 악덕 업주다.

> 이 같은 자들은 우리 주 그리스도를 섬기지 아니하고 다만 자기들의 배
> 만 섬기나니 교활한 말과 아첨하는 말로 순진한 자들의 마음을 미혹하
> 느니라 _롬 16:18

이단, 사이비의 말로는 그야'말로' 비참하다. 이단은 최첨단의 시대에 상식의 수준도 안 되는 헛소리의 진원지다. 이단의 팬데믹 '신

천지'가 더는 확산하지 않도록 막아야 한다. 우리가 코로나19를 대처했던 그 3가지로 말이다. 그것은 바로 '복음의 능동성', '말씀의 능률성', '사랑의 기술성'이다.

이런 말이 있다. 같은 물이라도 누가 먹느냐에 따라서 결과가 달라진다. 젖소가 물을 먹으면 우유가 나오고, 뱀이 물을 먹으면 독이 나온다. 이를 교리에 적용해 보면 이렇게 된다. "정통교회가 성경을 먹으면 '오직 예수'가 나오고, 신천지가 성경을 먹으면 '자칭 예수'가 나온다."

그러면 믿는 우리는 어떻게 해야 하는가? 다음의 질문으로 풀고자 한다. 옳은 명제의 반대는 잘못된 명제다. 그렇다면 심오한 진리의 반대는 무엇일까? 그것은 '더 심오한 진리'이다.

이것이 예수를 제대로 믿는 우리 모두의 할 일이다. 더 심오한 진리를 위해 참 복음, 참 진리만을 확산시켜야 한다. 그래서 거짓되고 미혹하는 가짜 진원지를 박멸해야 한다. 그들과는 달라도 너무 다르기에 정통교회는 영적 거리 두기가 꼭 필요하다.

🔥 생각의 불

이 닦아 둔 것 외에 능히 다른 터를 닦아 둘 자가 없으니
이 터는 곧 예수 그리스도라 _고전 3:11

개념으로 산다

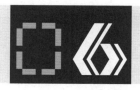

독서의 파레토 법칙

80대 20의 법칙

경제학자 '빌 프레도 파레토'는 '80대 20의 법칙'을 이야기했다. 이 법칙은 20%의 직원이 회사 수입의 80%를 창출한다는 법칙이다. 이 법칙을 소비층에 적용해 본다면 백화점 매출의 80%가 고객 20%의 주머니에서 나왔다는 말이고, 방송출연료에 적용해 보면 방송국에서 지출하는 출연료 80%를 잘나가는 연예인 20%가 가져갔다는 말이다.

《곧게 난 길은 하나도 없더라》의 저자 배경락 목사는 파레토 법칙을 독서에 이렇게 적용했다. "구입한 책의 20%만 제대로 읽어도 성공"이라고. 나는 무릎을 쳤다. 독서는 내가 놓치고 넘어가는 것을 알려주는 경고등이다. 나는 구입한 책의 80%를 이해하고 넘어가려고 했는데, 오히려 배경락 목사는 책의 20%만 제대로 읽어도 성공이라고 했으니, 이 생각으로 책을 읽으면 심적으로 부담이 없으리라.

나는 그동안 책을 읽으면서 왜 이런 생각을 하지 못했을까? 필자의 얕은 독서 때문인가? 역시 독서 내공에서 생각의 차이가 났다. 독서의 깊이는 본질 20%에 있다. 책 전체를 다 이해할 수 없다면, 본질 20%라도 발견하라는 소리로 들린다.

《하루 한 권 독서법》을 쓴 일본의 작가 사카모토 우미도 이렇게 말했다.

> "한 권의 책에서 중요한 내용은 20%다. 20%를 정확하게 기억하여 독서 시간을 단축하라."

독서의 두 종류

독서에는 넓게 두 가지 종류가 있다. 하나는 지식과 정보를 위한 독서, 또 하나는 성찰과 깨달음을 위한 독서다. 독자가 이 둘 중에서 어느 쪽에 더 관심을 품고 보느냐가 독서의 질의 차이를 만든다.

인디언 우화寓話가 떠오른다.

개념으로 산다

한 인디언이 말했다.

"내 마음속엔 개 두 마리가 있습니다. 한 마리는 약삭빠르고 한 마리는 덩치가 크지만 온순한 놈이지요, 두 놈은 자주 싸운답니다."

"싸우면 어떤 놈이 이기나요?"

인디언이 말했다.

"먹이를 더 많이 준 놈이 이기지요."

책을 읽는 마음에도 두 마리 개가 있다. 한 마리는 당장 필요한 지식과 정보를 취하는 약삭빠른 놈이고, 한 마리는 삶을 변화시키고 이웃을 위해 실천하려는 온순한 놈이다. 당신은 어떤 쪽에 먹이를 더 많이 주겠는가?

독서를 하지 않는 마음에도 두 마리 개가 있다. 그 개의 이름은 편견犬과 선입견犬이다. 이들은 서로가 상대방을 잡아먹기에 따로 먹이를 줄 일도 없다. 이 두 마리 개는 배가 고프면 책을 읽지 않는 사람의 마음을 갉아먹는다.

관종이 아닌 관독

나는 독서에 관심이 많다. 정기적으로 서점을 방문하기도 하고, 지인들로부터 좋은 책을 추천받기도 한다. 그리고 나는 지인들에게 좋은 책은 선물하기도 한다. 가장 기분 좋을 때는 책 선물 받은 그 사람이 문자로 '고맙다'고 인사해 올 때이다.

문자가 오는 확률이 20% 정도는 된다. 이런 말이 있다. "사랑하면 피드백이 빠르다"라는. 책 선물을 받고도 피드백이 없으면, 책 내용이 부담스럽거나 사랑하지 않는 것이다.

나는 책을 다양하게 고른다. 내가 고른 책에 대해서 한 번도 후회한 적이 없다. 왜냐면? 무슨 책을 샀는지 기억나지 않기 때문이다.

책 읽는 방법도 중요하지만, 책 읽는 장소도 중요하다. 지하철에서 읽을 책이 있고, 조용한 곳에서 정독해야 하는 책이 있다. 집에서 공부하면 왜 그리 전화는 오고, 졸음이 쏟아지고, 갑자기 일이 생기는지 모르겠다. 그래서 집을 포기하고 도서관으로 향한다.

랄프 왈도 에머슨은 "끈기 있게 하는 일이 쉬워지는 것은, 일이 쉬워지기 때문이 아니라 일을 할 수 있는 능력이 향상되기 때문이다"라고 말했다.

독서의 영역에서도 파레토 법칙은 잘 맞는 것 같다. 절대 고수인 2%에 해당하는 사람도 있지만 말이다. 도서관에서 책을 읽는 20%만이 독서 고수다. 나머지는 순수한 동기에서 책을 읽기보다는, 당장 눈앞에 있는 시험공부를 위해 책을 읽는다. 취직을 위한 공부와 인생 내공을 위한 공부는 그 성격이 다르다.

나도 역시 꾸준히 책을 읽어왔지만, 아직 독서의 임계점은 통과하지 못했다. 그동안 절대적인 독서의 시간을 확보하기도 어려웠지만, 천성적인 게으름이 가장 큰 원인이다. 또, 나라는 사람은 유혹에도 절대적으로 취약했다.

나폴레옹은 이렇게 말했다.

> "지금 나의 불행은 언젠가 내가 잘못 보낸 시간의 결과물이다."

우체부가 돼라

처음 독서를 시작할 때는 지인들로부터 만나자는 전화가 오면, 그 요청을 거절하고 독서에 집중하는 재미가 있었다. 그러나 고비의 시간이 오고 지치는 때가 오자, 이제는 반대로 내가 먼저 지인들에게 연락했다. 그리고 자신을 합리화했다. "꼭 책 속에만 길이 있는 건 아니잖아, 사람 관계도 중요하지"라고 하면서, 필자는 20%의 고수에서 탈락하고 말았다.

절대 고수들은 이렇게 말한다. 대가가 되려면 한 분야에서 3~10년을 투자해야 한다. 하루에 3시간을 걸으면 7년 후에 지구를 한 바퀴 돌게 된다고 한다. 중요한 것은 매일 3시간의 '지속성'에 있다. 결단의 우체부가 되어야 한다. 눈이 오나 비가 오나 무조건 찾아가는 우체부! 그래야 20%의 독서 고수가 된다.

　내용을 기억하는 가장 좋은 방법이 있다. 바로 감동하는 것이다. 감동하면 오래도록 각인된다. 이 책을 읽는 분들이 조금이라도 감동하여 지속적인 기억을 하길 바란다.

'다시'는 다시 시작이다

　다시 마음먹고 실천하기로 했다. 방송인 20%만 생존하고 80%가 사라지는 현실에서, 내가 할 수 있는 일은 책을 읽고 글을 쓰는 일이었다. 어쩌면 무모한 도전일 수 있다. 그러나 이 일이 내 인생에 마지막 도전일 수 있다.

　방송에서 사라진 80%에 속했지만, 언젠가 지금 하는 일이 성공의 20%에 속하길 바라고 있다. 책을 읽어도 기억에서 80%가 사라지겠지만, 본질 20%를 깨달아 사람들에게 도움이 되는 책을 내고 싶은 소망이 있다.

　하나님께서 내게 기회를 2%라도 주신다면, 바다 같은 넓은 세상 98%를 썩지 않게 만드는 소금 같은 존재가 되고 싶다. 독서를 통해 깨달은 것과 소금의 맛을 내는 본질이 합쳐지는 '깨소금'의 삶을 살고 싶다. 깨소금의 시기가 지나면 깨우침의 의미와 설탕 같은 인생의 재미가 합쳐진 '깨달음'의 시기가 올 것이다.

오늘도 독서를 한다. 독서는 책과 나를 이어주는 영혼의 탯줄이기 때문이다.

불가능을 가능케 하는 것은 오직 하나님

겨울에 해수욕장에 가보라 그 물에 감히 들어갈 수 없을 것이다. 겨울에 창밖의 나뭇가지를 보라 봄이 영영 오지 않을 것 같다. 지금 교회에 오는 교인들을 보라 영원히 변하지 않을 것 같다. 지금 국회에 가보라 그들에겐 더는 답이 없을 것 같다. 그러나 내가 사는 삶을 제대로 살아내면 반드시 답이 나온다.

우리에게 맡겨준 일만 최선을 다하면 된다. 나머지는 하나님이 하신다. 하나님의 일은 하나님이 하시기 때문이다. 그런데 하나님의 일을 감히 내가 하려고 한다. 그것이 문제다. 하나님의 일이 있고 내게 주어진 일이 있다. 내가 하는 일이 하나님이 하는 일이라고 착각하지 말라. 내 일만 잘하자.

 생각의 불

《그리스인 조르바》에서 주인공 '조르바'는 이렇게 말했다.

"자연과의 탯줄을 끊지 않은 사람이 되고 싶다."

나는 이렇게 말하고 싶다.

"예수와의 탯줄을 끊지 않은 사람이 되고 싶다."

나는 부족하지만, 예수님을 여전히 사랑하기에 절대 놓치고 싶지 않다. 생명의 탯줄, 영생의 탯줄, 은혜의 탯줄을 절대로 끊고 싶지 않다. 성령님께서 오늘도 보호해 주실 것을 내가 확실히 알기 때문이다.

개념으로 산다

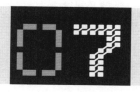

득이 되는 말, 독이 되는 말

> "사람은 하루에 세 번 밥을 찾아 먹는다.
> 때를 놓쳐도 2번은 찾아 먹는다. 그래야 몸이 건강하기 때문이다.
> 칭찬과 인정도 때를 놓쳐 거르면 영혼의 결핍을 가져온다."
>
> – 신경 정신과 의사 양창순

앗! 한국 어린이다

한 교수가 사랑하는 아내와 아이들을 데리고 영국으로 유학을 갔다. 주변에 한국 유학생이 많았기에 외로운 유학 시기를 잘 이겨낼 수 있었다. 한 번은 자녀들을 놀이터에서 놀게 하고, 아이들 옆에서 지켜보고 있었다. 거기엔 영국 아이들과 한국 아이들이 어울려 놀고 있었다.

그런데 아이들이 노는 것을 지켜보던 교수는 아이들의 말버릇에서 특이한 점을 발견했다. 한국 아이들이나 영국 아이들이 놀면서 제일 많이 쓴 말이 있었다. 그 말은 바로 이거였다.

"안 돼~~~"
"야, 안 돼~~~"

아이들은 놀이를 통해 관계를 맺는데, 놀이터에서 부정적인 말을 쓰고 있었다. 이 말을 듣고 있던 교수는 충격을 받았다. 어린 나이에 벌써 "안 돼"라는 말이 입에 붙었으니 말이다.

앗 코끼리도?

기민석 교수가 쓴《고대 이스라엘 사람들의 문화와 삶》에 이런 내용이 나온다.

"한국에는 사람의 말을 몇 마디 할 줄 알아서 저명한 외국 학술지에 이름을 올린 코끼리가 있었다. 그 이름은 '코식이'다. '코식이'가 하는 말은 다섯 개 정도였는데, 그중 하나가 '아니야'였다. 그 말은 어릴 때부터 코식이를 자식처럼 키운 사육사로부터 들은 말이었다."

독毒이 되는 말

'코식이'와 영국 놀이터의 한국 아이들은 왜 부정적인 언어를 쓰게 되었을까? 그들을 지도했던 사람들의 역할이 결정적이었다. 태어나서 귀에 못이 박히도록 들었던 말들이 아이들에게 영향을 준 것이다.

"~~를 하지 마라."
" ~~에 가지 마라."
" ~~ 하기에는 너무 어려."
"넌 못해!"

이런 말은 '득'이 되는 말이 아니라, '독'이 되는 말이다.

앗 벼룩도?

'벼룩의 실험'을 들어보았을 것이다. 벼룩은 일반적으로 자기 몸길이의 '150배' 이상을 뛴다. 벼룩을 유리컵에 넣고 뚜껑을 덮어 놓으면, 몇 번 탈출을 시도하던 벼룩이 뚜껑에 부딪혀 고통을 받으면 뛰기를 포기한다. 그리고 나면 벼룩은 뚜껑을 열어놔도 더 이상 뛰지 않는다. 선행학습의 경험이 벼룩을 이렇게 만든 것이다.

앗 잉어도?

'코이'의 법칙을 아는가? 관상어 중에 '코이'라는 잉어가 있다. 이 잉어는 작은 어항에 넣어두면 5~8cm밖에 자라지 않는다. 그러나 커다란 수족관이나 연못에 넣어두면 15~25cm까지 자란다. 강물에서는 90~150cm까지 성장한다. 같은 물고기인데도 어항에서 기르면 피라미가 되고, 강물에 놓아 기르면 대어가 되는 신기한 잉어가 '코이'이다.

성장 제동 장치

아이들을 교육하는 부모는 습관처럼 "안 돼"를 외친다. 이것은 부모가 자녀를 보호하는 방법의 하나다. 그러나 부모로부터 부정어를 배워버린 아이들은 마음속에 두려움으로 인해 모험과 도전을 꺼리게 된다. 이미 마음속에 한계와 제한이 설정되어 벼룩이나 코이처럼 더 이상 성장하려 하지 않는다. 성장하려 하지 않는 자녀는 커가면서 부모와 갈등을 일으킨다. 부모가 자신의 말끝마다 제동을 건다고 생각한다.

개념으로 산다

가정에만 이런 일이 일어나는 것은 아니다. 사회에서도 이런 일들이 많이 일어난다. 조직문화에서도 "~~안 돼"가 고질적으로 만연되어 있다. 그러면 사람들의 상상과 꿈의 크기가 당연히 축소될 수밖에 없다. 이런 사회는 남의 것을 변용하고 베끼는 것은 잘하나, 창의적인 생각을 기대하기는 힘들다.

사장님 나빠요, 우리 사장님 나빠요

한국에서 살아가는 이주 노동자들도 비슷한 일을 겪는다. 그들은 언어도 다르고 문화도 달라 적응하기가 쉽지 않다. 과거 가난했던 한국 사람도 아메리칸 드림을 찾아 외국으로 떠났듯이, 오늘날 동남아인도 코리안 드림을 꿈꾸며 한국을 찾은 것이다.

그들이 일터에서 일하면서 제일 먼저 한국 사장들로부터 배운 말은 이거다.

"야, 그거 안 돼"
"이 자식아, 그거 안 돼"

물론 이들이 타지 생활 적응도 힘들고, 일하는 것도 아직 서툴기에 사장들이 "안 돼"라고 말할 수는 있다. 그러나 이 말을 하는 한국인의 표면이 아닌 이면을 보면 사정이 꼭 그렇지만은 않다.

한국인의 사고구조 체계가 부정적이다. 그 마음에는 금지하고, 제한하고, 속박하려는 마음이 허락하고, 열어주고, 자유롭게 하려는 마음보다 더 강하다. 잘하면 칭찬하고 인정해야 하는데도 무조건 "안돼!"라는 부정어를 남발하고 있다. 어릴 때부터 부정어에 익숙해져서 부정否定과 친숙한지도 모른다.

이 말이 마지막이 될 줄이야…

《마음 읽는 시간》의 저자인 신경 정신과 박사 서천석의 책에는 말에 관한 슬픈 예화가 나온다.

아우슈비츠 수용소에 어린 남매가 들어가게 되었다. 부모님은 돌아가셨고, 동생이 수용소로 가는 기차에서 신발을 잃어버렸다. 누나는 동생을 꾸짖었다. "이 바보야, 자기 물건 하나 못 챙기고, 너 도대체 왜 그러는 거야, 넌 도저히 안 되겠어."

곧 기차가 수용소에 도착했고, 둘은 헤어졌다. 그리고 그것이 두 남매의 영원한 이별이 되었다. 동생은 수용소에서 죽음을 맞이했고, 누나는 운이 좋아 살아날 수 있었다. 동생을 저세상으로 떠나보내고, 혼자 살아남게 된 누나는 다짐했다.

개념으로 산다

"내가 앞으로는 사랑하는 사람에게 하는 마지막 말이 되기에는 부족한 말, 비난하는 말은 절대로 하지 않으리라."

그녀가 살아가는 동안, 그 말 때문에 얼마나 많은 후회로 가슴이 아팠을까?

미치도록 들었던 말

나는 어린 시절 부모로부터 "우리 아들 잘한다", "우리 아들 멋지다"라는, 기를 살리는 말보다 "야, 안 돼~~", "야, 내가 이걸 낳고 미역국을 먹었냐?", "야, 너 누굴 닮아서 그래?", "한 번 안 되면 안 되는 거야", "옆집 누구를 봐라, 얼마나 잘하니?", "넌 안 되겠다"라는 말을 더 많이 듣고 자랐다.

우리 세대 부모들은 먹고살기 바빠서 아이들을 세밀하게 돌볼 시간적 여유가 없었다. 그래서 성장하는 자녀들에게 해줄 수 있는 최선의 교육법은 바로 "안 돼~~"였다. 그래야 부모가 편하게 아이들을 관리할 수 있기 때문이다.

사고 싶은 것도, 갖고 싶은 것도, 아무리 떼를 써도 가질 수 없었다. "안 돼"는 내 꿈의 상상을 깨는 공포탄이었다. 특히 어머니 입에서 그 말이 나오는 순간, 우린 바로 '얼음 땡'이었다. 움직일 수가 없었다.

밥상머리에서도 아버지의 반찬에 손을 대면 "야, 안 돼" 이 한 마디면 모든 상황이 정리된다. 멀리서 놀다가 어머니의 "야, 안 돼"라는 소리를 들으면, 그 자리에서 모든 것을 멈추어야 했다. 나만 그런 게 아니다. 내 세대라면 한 번쯤 그런 경험이 있었을 것이다. 추억이라고 보기엔 너무 '추한 기억'이다.

어린 시절 내 상상의 밭에는 이런 팻말이 쓰인 울타리가 쳐져 있었다.

"금지구역, 넘어오지 마시오!"

이런 말을 듣고 자라면, 커가면서도 마음 한구석에 '금지 구역'이 생긴다. 특히 부정어라는 자외선에 노출된 필자는 자존감, 자신감도 낮아져 사람 앞에 서는 게 두려웠다. 누구를 만나도 진솔하게 사귀기가 힘들었다.

대화할 때도 긍정의 말보다 부정어를 더 많이 남발했고, 자신과 남을 비판하고 비난했다. 이 기억들은 지울 수도 없는 내 마음에 새겨진 '안 돼' 증후군이었다.

개념으로 산다

앗!! 짤리겠지?

과거 개그맨 시절에 '개그 아이디어'는 생명과도 같은 것이었다. 아이디어가 채택이 안 되면 출연을 못 했기 때문이다. 초창기 신인 시절에, 난 카메라 공포증이 있었다. 내 안에 똬리를 튼 '난 안돼'라는 보아 뱀이 나를 조여 왔기 때문이다.

"이렇게 하면 비웃겠지?"
"우습게 보이겠지?"
"혼나겠지?"
"욕먹겠지?"
"아냐, 난 짤리겠지?"
"못난 놈이라고 찍히겠지?"
"피디는 날 영원히 안 쓰겠지?"

이런 마음의 부정적인 생각이 젊은 날의 나를 몹시도 괴롭혔다.

독毒 끝, 득得 시작

이런 과정을 겪는 중에, 나는 마음에 관한 책을 읽으면서 나를 이해하기 시작했고, 가정교육과 부모의 역할이 얼마나 중요한가를 알게 되었다. 만약 에디슨이나 아인슈타인이 대한민국과 같이 스펙을 가지고 사람을 평가하는 사회에서 태어났더라면, 그들의 꿈은 단지 스펙이 없다는 이유로 좌절되었을 것이고, 오늘날 그들의 이름을 딴 우유는 결코 나오지 못했을 것이다.

신경정신과 의사 양창순은 이렇게 말했다.

> "자존감은 스스로 생각하는 자기 이미지 내지는 자기 정체성을 말한다."

자존감은 신체의 뼈대에 해당한다. 따라서 자존감에 상처를 받으면 정신적 직립이 불가능하게 된다.

마음을 읽는 시간

마음을 읽는 것은 나를 이해하는 '묵상'의 시간이다. 나는 마음에 관한 독서를 하면서 부모님의 마음을 더욱 이해할 수 있게 되었다. 가난하고 어렵던 시절, 자식을 위해 헌신했던 부모의 사랑이 어린 시절에 내가 받았던 상처보다 더 마음에 들어왔다.

그러면서 내가 부모님께 순종하지 못한 것이 더 마음에 걸렸다. 후

개념으로 산다

회하고 자책하면서 눈물을 흘렸다. 이때의 자기반성과 후회는 성장과 성숙에 중요한 밑거름이다.

　부모를 진정으로 이해하고 사랑하게 되면, 내 안에 부정적인 생각과 쓴 뿌리도 해결될 것이다. 내가 서서히 변하면서, 나를 이해하고 나를 사랑하는 '애독자'가 되면 어둠의 터널은 지나갈 것이다. 금지란 단어도 '지금'이란 단어로 바뀌는 놀라운 일이 있을 것이다.

나만 그런 게 아니다

　주역周易에 이런 말이 나온다.

　　"평범하기만 하고 비탈지지 않은 땅은 없다."

　세상을 살면서 고난과 역경이 없는 사람은 없다. 다만 그것을 어떻게 받아들이느냐에 따라 성품과 인격이 결정된다. '안 돼'라는 말을 그대로 상처로 받으면 관계에 어려움을 겪을 것이고, '안 돼'라는 말을 '나는 알고 있다'는 뜻의 딱 보면 '다 안대'로 받아들이면 자신을 이긴 것이다.

　이런 말이 나를 위로한다.

"자신을 살필 수 있는 사람이 남도 살피고, 나를 아는 것이 인생을 제대로 아는 것이다."

　이런 내용을 깨달으면서 '마음의 성형'을 하게 된다. 자신을 사랑하지 못했던 이들이 남을 살피는 인생이 된다면 얼마나 기쁜 일인가? 남자는 자신을 알아주는 사람을 위해 목숨을 바치고, 여자는 자신을 사랑하는 사람을 위해 모든 것을 걸고, 자신을 제대로 이해한 사람은 사랑할 수 없는 사람까지도 진정으로 사랑할 수 있게 된다.
　이제 우리는 아침마다 거울을 보며 외치자.
　'당신은 소중한 사람', '당신은 괜찮은 사람'이라고, '당신은 하나님의 귀한 아들·딸'이라고…. 자신을 사랑하고, 인정하고, 칭찬하는 것은 자존감을 세워주는 영혼의 응원가이다.

머리가 아닌 삶으로

　어느 날 아내와 영화를 보고 주차장 계산대에서 "여보 잔돈 없지?" 하고 물었다.
　아내가 말했다.

　"당신은 매사에 부정적이야. '잔돈 없지?'가 뭐야? '잔돈 있어?'라고 물어야지."

나는 깜짝 놀랐다. 그 순간, 책을 읽고 이해하는 것보다 일상에서 그렇게 사는 적용이 더 중요한 것임을 깨달았다.

이런 말을 하고 싶다. "책을 읽고 머리로 아는 것과 실제 삶에서 그대로 실천하는 것은 하늘과 땅 차이다"라고.

 생각의 불

세상에 살면서 고난과 역경이 올 때마다 내 말이 누군가의 가슴 속에서 영원히 살 수도 있다는 마음이라면, 지금 당신 곁에 있는 사람에게 어떤 말을 해주고 싶은가?

개념으로 산다

민어 民魚

> "인간을 인간으로 대하는 것이 사랑이다."
>
> – 김경집

알고 보면 슬픈 민民

선배 형에게서 보양식 먹자는 전화가 왔다. 밥 먹자고 했으면 안 나갔을 텐데, 몸보신이라는 말에 움직였다. 여전히 보신이라는 말에 먼저 반응한다. 보신은 관계보다 더 우선순위에 있다. 메뉴는 민어란다. 일명 민어탕이다. 처음 접해보는 물고기다.

문헌에 의하면 민어는 조선 시대 임금님 수라상에 올랐고, 임금님과 사대부들의 보양식으로 제공되었다, 하지만 백성은 엄두도 못 낼 음식이었다. 그런데 왜 물고기에 백성 민民이 들어갔을까? 임금님이 혼자 먹기 미안해서, 살아서 못 먹으면 죽어서라도 맛보라고 민民을 썼다는 말도 있다.

백성 민民이라는 글자의 유래를 알면 슬프다. 민民자의 금문金文을 보면 사람의 눈에 열 십+이 그려져 있다. 풀이하면 송곳으로 사람의 눈을 찌르는 모습이다. 고대에는 노예의 왼쪽 눈을 멀게 하여 저항하지 못하게 했다.

오늘날도 슬픈 민民

민民이 들어가는 단어를 보면 서민庶民이 있고, 주민住民이 있고, 국민國民이 있고, 하늘의 백성 천민天民이 있다. 이를 풀이해보면 다음과 같다.

서민庶民: 태생이 흙수저라 평생 가난을 못 벗어나고 서럽게 살아야 하는 우리 이웃.

주민住民: 주민등록상 주민이라고 인정하지만, 내 땅 한 평 없는 무주택자로 살아가는 주민.

국민國民: 국민이지만, 국가의 도움을 받기는커녕 살수록 더 궁핍한 궁민窮民.

천민天民: 서민으로 태어나 주민으로 살다가 궁민으로 전락한 천민賤民.

민어는 백성이라는 이름을 가졌지만, 이름대로 백성의 대접을 받지 못했던 불행한 물고기다. 어부가 민어를 잡으면 백성을 위하기보다는 나라님과 사대부에게 진상해야 했다. 민어는 이름은 있으나 이름대로 살지 못하는 슬픈 우리의 자화상과 닮았다.

잘 대접하면 백성을 위해야 하는데, 전혀 그렇지 못하다. 정치는 절대적으로 백성과 선순환해야 한다. 그럴 때, 백성이 힘을 모아 위정자를 돕고, 위정자는 그 힘으로 백성을 살리려 한다. 그럴 때 '**선**'하고 '**순**'하고 '**환**'해진다.

한 나라의 구성 3요소는 국민, 영토, 주권이다. 덕스러운 왕은 백성을 주인으로 알고, 백성을 최우선으로 생각했다. 백성 없는 나라는 예수님 빠진 설교요, 바늘 없는 나침반이요, 백종원 없는 골목 식당이다. 이스라엘 민족은 보이는 땅은 잃었어도 보이지 않는 땅을 기대했고, 굴욕적인 포로 생활에도 결코 하나님의 통치를 잊지 않았다.

세상은 태평천하를 꿈꾼다. 그러나 태평천하는 정치로 되는 게 아니다. 하나님이 복을 주셔야 가능하다. 하나님이 복을 주신 백성은 이미 하나님 나라 안에 있다.

맹자는 정치에 대해 다음과 같이 말했다.

"백성과 더불어!"
"백성을 위한!"

백성을 위해 매일 점검하라고 준 신성불가침의 약속이다. 우리는 백성을 위해 일하는 사람을 위정자라 한다. 그런데 뜻대로 하지 않고 오히려 백성을 '위해'危害하는 일이 더 많다. 본분을 망각한 행위다. 이런 사람을 거짓의 '위僞정자'라고 한다. 거짓은 거짓으로 끝나지 않는다. 거짓이 위험한 것은 진리만큼이나 그 파괴력이 크기 때문이다.

성경의 민民

성경은 구원의 드라마다. 당시 최고의 나라 이집트가 있었다. 이스라엘은 이집트에 비하면 껌딱지였다. 하나님께서 모세를 통해 강대국 이집트를 "떠나라" 하셨다. 출애굽 사건은 지상 최대의 구출 작전이다. 장정만 60만이다. 하나님이 송곳 같은 명령으로 이스라엘 백성을 구원하신다.

그런데 고집 센 백성이다. 고래힘줄 보다 더 고집이 세다. 과거 에덴동산에선 하나님 자리를 넘볼 정도였다. 하나님의 사랑으로 구원했더니 다시 이집트로 돌아가자고 한다. 한마디로 거역이고, 불순종이다.

하나님은 이집트의 피라미드 구조를 싫어하신다. 피라미드는 오늘날의 다단계다. 부의 쏠림이고 불균형의 형태다. 이것은 절대 하

개념으로 산다

늘의 원리가 아니다. 탐욕과 욕심의 구조다.

하나님이 사랑하는 백성에게 원하시는 건 동그라미 구조다. 사방 어디에나 기회가 있고, 다양하게 퍼져나가는 것이다. 그래야 생육하고 번성한다. 이 놀라운 동그라미는 하나님의 놀라운 배려이고, 하나님의 뜻이다. 한 몸이 되는 구조다.

미국 대학에서 동물 실험을 했다. 아이큐가 가장 낮다고 하는 닭들을 대상으로 말이다. 많은 닭을 닭장에 넣어 났다. 서로 처음 보는 닭들이고, 낯선 환경이다. 닭들은 잠도 안 자고 밤새 시끄럽게 싸웠다고 한다.

이유는 이렇다.

> "닭들은 서열을 완벽하게 정하기 전에는 결코 잠도 자지 않고, 먹지도 않는다."

우리 인간들 사이에도 먹지도, 자지도 않으면서 싸움질하는 사람들이 있다. 서열 때문이다. 혼자 독식하겠다는 거다. 하나님의 송곳 같은 말씀이 두렵지 않은가? 하나님은 우리 눈을 찌르지 않는다. 우리의 양심을 찌른다. 돌이켜서 하나님께 돌아오라 하신다. 우리는 독식이 아니라 하나님 안에서의 안식이 중요하다.

현실의 민民

지금 경제적으로 어려운 대한민국 청년의 삶은 이렇다.

'지 · 옥 · 고'

지하방, 옥탑방, 고시원을 줄인 말이다. 최저 주거 환경이다. 누군들 이렇게 살고 싶겠는가? 신자유주의 정책으로 더 힘든 피라미드 구조가 되었다.

마틴 루터킹은 이렇게 말했다.

> "모든 조건이 존재하는 건 누군가 그 존재에서 이익을 얻기 때문이다."

역설의 민民

얼마 전, 쪽방촌 사람들의 이야기를 담은 영화 '기생충'이 아카데미 영화제 4관왕을 수상했다. 쪽방촌으로 최고의 명예를 얻었다.

그날 신문 한 면에 이런 뉴스가 나왔다.

개념으로 산다

"경제 대통령, 비리 혐의로 감옥에 재수감"

최고의 명예에서 쪽방촌 같은 감옥으로 떨어졌다. 인생은 참 아이러니고 '왜이러니'다.

영화 '기생충'의 주제는 "허영은 이웃을 죽일 수 있다"라는 것이다. 이 영화의 포스터는 강렬하다. 등장인물 모두 눈을 가렸다. 앞을 보지 못하는 사람들이다. 영화를 보는 관객도 사실은 자신의 진짜 모습을 못 보는 기생충이란 걸 고발하는 것은 아닐까? .

하나님의 민民

성경은 우리에게 말한다. "하나님을 사랑하고, 네 이웃을 사랑하라"라고 말이다. 이 명령은 율법 전체의 요약이다. 이것이 무너지면 하나님의 귀한 백성이 인간의 노예로 전락한다. 사랑이 배제되면 포용이 아니라 이용이 되기 때문이다.

하나님은 말씀하신다. 이 말씀은 누가 듣고 행해야 하는가?

당신들이 밭에서 곡식을 거둘 때에 곡식 한 묶음을 잊어버리고 왔거든 그것을 가지러 되돌아가지 마십시오. 그것은 외국 사람과 고아와 과부에게 돌아갈 몫입니다. 그래야만 주 당신들의 하나님이 당신들이 하는

모든 일에 복을 내려 주실 것입니다. _신명기 24:19. 새번역

생각의 불

"인간의 뱃살보다 더 무서운 것은 바로 사회적 묵살이다."

– 사회학자 엄기호

생각의 팁

민어를 맛있게 즐기는 방법을 소개한다.

"누가 사주면 먹어라!!!"

개념으로 산다

복음의 쓸모

> "자기의 힘으로, 스스로 만들어낸 방식에 의해,
> 자기 의를 이룰 목적으로 거룩해지려고 노력하는 것,
> 그것이 바로 전 세계 모든 거짓 종교의 정신이자 본질이다."
>
> – 존 오웬

성경의 쓸모

최태성 작가가 쓴《역사의 쓸모》에는 이런 문장이 나온다.

"삶이라는 문제에 역사보다 완벽한 해설서는 없다."

역사는 단지 과거만이 아니다. 역사는 과거와 현재와 미래를 연결하는 보이지 않는 선이다. 그 중심에 인간이 있다. 역사란 결국 인간

중심의 세계관이다. 인간을 통해 문화 경제 사회를 아우르는 총집합
이 역사다.

그런데 인간 중심이 아닌 하나님 중심의 세계관이 있다. 바로 기독
교이다. 기독교는 하나님 중심 세계관을 믿는다. 기독교가 여타 종
교와 다른 점은, 인간 중심이 아니라 오직 하나님 중심이라는 것이
다. 이것을 신학 용어로 '계시'라고 한다.

기독교는 계시 종교이다. 인간이 하나님을 찾아 구도의 길로 가는
역사가 아니라, 하나님이 인간을 찾아오신 역사를 말한다. 이 역사
를 기록한 것을 '성경'이라 한다. 따라서 지금 우리의 삶이라는 문제
에 "성경보다 완벽한 해설서는 없다"라고 말하고 싶다.

아무개의 쓸모

얼마 전 화제가 되었던, 또다시 김은숙 작가의 신드롬을 일으켰던
드라마가 있다. 바로 〈미스터 션샤인〉이다.

드라마 시작 전에 이런 문장이 시청자의 시선을 압도했다.

> "저물어가는 조선에 그들이 있었다. 그들은 그저 아무개다. 그
> 아무개들 모두의 이름이 의병이다. 원컨대 조선이 훗날까지 살
> 아남아 유구히 흐른다면 역사에 그 이름 한 줄이면 된다."

'아무개!'

불과 수백 년 전에는 지금 이 땅의 화려한 빌딩 숲이 아무개의 '무덤'이었다. 역사는 결코 피 없이는 이어갈 수 없다. 지금의 화려함 뒤에는 이렇게 아무개의 피가 묻어 있다.

성경의 '아무개'

한 사람이 오셨다. 인간의 형상을 입고 오셨다. 하늘 보좌를 버리고 오셨다. 그가 온 것을 아무도 몰랐다. 어둠에 빛이 오셨는데, 어둠이 빛을 외면했다. 빛이 오자 율법의 선글라스로 일부러 피했다. 외식의 차단제로 복음의 의식을 차단했다. 그것도 철저히 말이다.

어둠은 빛을 싫어했다. 도리어 어둠이 좋았다. 그 어둠에 익숙해지자 빛을 원하지 않았다. 그래서 빛을 차단하기 위해 대책을 세웠고, 결국 로마의 힘을 이용해 빛을 막아섰다.

그들은 하나님의 아들로 오신 그분을 '아무개' 취급하며 십자가에 매달았다. 그 아무개를 하나님이 살리셨다. 그 아무개를 믿으면 구원을 얻고 영생을 살 수 있다고 했다. 그 아무개는 바로 예수님이다. 그 아무개가 모든 사람의 죄를 위해 죽은 것이다.

하나님의 아들이 하늘 보좌를 버리고 이 땅에 오셔서 아무개처럼 죽은 사건이 바로 '성경'의 핵심이다. 예수님이 죽은 사건이 바로 우리를 살린 사건이고, 구원 사건이고, 부활 사건이다. 이를 성경의 핵심인 '복음'이라고 한다.

복음의 쓸모

복음은 간단히 정리하면 다음과 같다.

"내가 너를 위해 다 했다. 그러므로 너는 살 것이다."

복음은 "내가 다 했고, 내가 다 이룰 것이다. 그러니 나를 믿으라"라고 약속하고 격려한다. 인간의 약속과 격려는 일시적이다. 한계가 있다. 그러나 하나님의 약속과 격려는 그의 전지성만큼이나, 그의 초월성만큼이나 영원하시다.

이 사실을 믿을 때 우리는 세상에서 누릴 수 없는 큰 기쁨 안에 있게 된다. 흔들리는 터전이 아니라, 영원히 흔들리지 않는 반석이 된다. 복음 안에서 참된 자유와 은혜를 누리는 것, 이것이 바로 성경이 말하는 복이다. 따라서 "지금 우리의 삶이라는 문제에 '복음'보다 완벽한 해설서는 없다"라고 말하고 싶다.

개념으로 산다

구멍 난 복음

하나님께서 천지를 창조하셨다. 인간을 만드시고 에덴동산에 살게 하셨다. 하나님과 친밀한 관계를 누리던 아담과 하와 부부는 뱀의 유혹에 넘어간다. 그리고 에덴동산에서 선악의 열매를 먹은 그 사건으로 인해 범죄자가 되고 결국 추방당한다. 이제는 하나님과 단절된 상태가 되고, 영원한 기쁨의 원천을 뺏기게 된다. 이것이 창세기에 나오는 인간 타락의 역사다.

여기서 질문!

그렇다면, 범죄한 아담과 하와의 살길이 자신들이 어떻게 하느냐에 달려있는가? 아니면 하나님이 하실 일에 달려있는가? 만약 아담과 하와의 살길이 두 사람의 행함에 달려있다면, 당신은 구멍 난 복음을 믿는 것이다. 하나님만이 살길을 주신다는 것을 믿으면 당신은 진리의 복음을 믿은 것이다. 위의 것을 율법이라 하고, 밑의 것을 복음이라고 한다.

로버트 슐러 목사가 한국에 와서 교회성장학을 강의하고 갔다. 그는 강단에서 "죄에 대해서 설교하지 말고, 은혜에 대해서 설교하라"고 했다. 부정적인 설교를 버리고 긍정적인 설교를 하라고 강조했다.

그러나 이것은 반 복음이고 비성경적인 주장이다. 교회는 죄에 대해 집요하게 설교해야 한다. 십자가 뒤에 인간이 숨는 것이지, 인간 뒤에 십자가를 숨기는 죄를 범하면 안 되기 때문이다. 이것이 바로 구멍 난 복음이다.

> 그들이 하나님께 열심이 있으나 올바른 지식을 따른 것이 아니니라
> _롬 10:2

율법과 복음

율법은 어떤 기능과 역할이 있는가? 김형익 목사의 책《율법과 복음》은 신학자 칼빈의 입을 빌려 율법의 기능을 이렇게 말하고 있다.

첫째는, 죄인을 정죄하는 기능이다.
둘째는, 죄와 악행을 억제하는 기능이다. 죄와 악행에는 반드시 형벌이 따른다는 것을 보여줌으로 죄와 악행을 통해 죄를 억제하는 기능을 한다.
셋째는, 성도들에게 하나님의 뜻을 가르치며 권고하는 기능이다.

율법과 복음은 어떻게 구별하는가? '자기의'인가, 아니면 '복음의 의'인가로 구별한다. '자기의'란 "그리스도의 의를 전적으로 의지하지 않고 자기 행위, 자기 공로, 자기 잘남을 의지하고 자랑하는 것"을 말한다. '복음의 의'란 "하나님만을 의지하고, 하나님 한 분으로 만족하고, 하나님만 사랑하고, 하나님께만 홀로 영광을 올려드리는 것"을 말한다.

율법을 폐하시고 복음을 믿게 한 것은, 예수 그리스도를 통해 인간이 할 수 없는 율법의 모든 요구를 완성하시고, 다 성취하신 것을 말한다. 이것을 우리는 복음이라고 한다.

> 그리스도는 모든 믿는 자에게 의를 이루기 위하여 율법의 마침이 되시니라 _롬 10:4

신앙의 쓸모

신앙은 바로 그분이 다 이루셨다는 것을 믿는 것이다. 우리의 공로는 아무것도 더할 것이 없다는 것이다. 신앙은 우리의 행위가 아니라 그분이 다 이루신 것을 믿는 것이고, 아는 것이다.

기독교는 바로 그리스도께서 하신 일, 나를 대신해서 하신 일을 근거로 한다. 신앙은 결코 내가 한 일, 즉 내 의로 행한 것 위에선 자라지 않는다. 그것은 오히려 그분의 공로를 가로채는 에덴동산의 범죄를 반복하는 것이다.

기본의 쓸모

존 스토트의 책《기독교의 기본 진리》에는 성도가 알아야 할 기본 진리가 잘 정리되어 있다. 이 책에서는 인간과 하나님 사이에 가장 큰 문제는 바로 인간이 하나님을 찾지 않는 데 있다고 했다.

하나님을 찾지 않는 이유가 뭘까? 내 개적인 생각으로는, "하나님은 내 행복과 기쁨에 제동을 거신다"라고 생각하기 때문이다. "왜 갑자기 고난이 찾아오고, 왜 갑자기 실직하고, 왜 갑자기 생이별하게 하는지, 내 인생에 이런 고통이 찾아올 때 도대체 하나님은 어디서 무엇을 하고 계셨나?"라고 생각하는 것이다.

이런 물음에 답도 하지 않는 야속한 하나님이라고 생각하기에, 더는 하나님을 찾지 않는다. 따라서 기독교의 진리를 계속 가르쳐야만 한다. 그래서 인간이 생각하는 구멍 난 오해를 다 풀어야 한다.

예수님은 이렇게 말씀하신다.

"내가 진리니 나를 따르라"

개념으로 산다

"내가 곧 길이고, 진리고, 생명"이라고 하신다. 이 말은 선배가 후배에게 하는 말이 아니다. 이 말은 남자가 여자에게 데이트 신청할 때 쓰는 말이 아니다. 이 말은 하나님의 속성이고, 하나님의 방법이다.

이 말은, 나를 통하지 않고서는 너희는 어디서 와서 어디로 가는지 알 수도 없고, 내가 곧 진리 그 자체이며, 내게서만 생명이 잉태되고, 내가 생명을 죽이고 살릴 수 있는 하나님이라는 말씀이다.

분명한 정체성이다. "나는 나다", "나는 스스로 존재하는 분"이라는 것이다. 곧 하나님이시다. 그분이 하시는 말씀은 모순되지 않는다. 언행일치가 그대로 이루어진다. 말씀이 그대로 이루어진다. "살라" 하면 살고, "죽으라" 하면 죽는 것이다.

증인의 쓸모

기독교는 부활의 종교다. 부활은 역사적 사실이다. 인간의 역사 속에서 분명히 일어난 사건이다. 만약 한낱 꾸며낸 신화 같은 이야기라면 왜 이를 목격한 증인들이 옥에 갇히고, 채찍에 맞아 죽기까지 하겠는가? 거짓을 믿는 이들은 절대 순교하지 않는다. 스데반은 돌에 맞아 죽으면서도 부활의 예수님을 보고 "저들을 용서해 달라"고 했다. 이런 용기와 신앙은 어디서 나오는가?

성경의 인물들을 보자. 복음서의 베드로를 보라. 혈기 왕성한 한 남자, 무엇보다 '행동파' 베드로다. 그러다가 행동보다 말을 앞세우는 상황이 벌어진다. 예수를 부인하고 도망친 것이다. 그런 그가 사도행전에서는 달라진다. 인물은 그대로인데, 그 성향과 신앙이 변했다. 변화산에 올라가서도 헛소리하던 그였는데, 그가 변했다. 몰라보게 변했다. 진짜 '상남자' 베드로가 된 것이다.

그는 예수님이 붙여준 별명대로 '반석'이 되어 있었다. 오직 그리스도만이 반석이었는데, 그 이름을 베드로에게 주신 것이다. 그 이름 그대로 베드로는 살았다. 오직 부활만을 전했다.

성경은 마지막 주간과 죽음에 많은 지면을 할애하고 있다.* 마태복음은 40%, 마가복음은 60%, 누가복음은 33%, 요한복음은 50%이다. 왜 죽음에 많은 지면을 할애하고 있는가? 예수님께서 성경 말씀 그대로 행하신 것을 증명하기 위해서다.

예수님은 "피 흘림이 없이는 결코 사함이 없다"는 말씀을 성취하기 위해서 오셨다. 죄에서만 구원하신 것이 아니라, 부활 사건을 통해 더 큰 복인 '영생'의 비밀을 알려주셨다. 결국 하나님과 인간은 예수님 때문에 다시 화목하게 되었으며, 그를 믿는 자는 모두 영생을 얻는다는 복음의 큰 비밀을 알려주셨다.

---

* 존 스토트《기독교의 기본 진리》에서 발췌

개념으로 산다

"그의 상하심으로 나음을 입고,

그의 죽으심으로 생명을 얻으며,

그가 고통받으심으로 용서가 오고,

그가 고난받으심으로 구원이 이루어진다."

성도의 쓸모

존 스토트는 이런 예화로 성도에게 희망을 주고 있다.

"나에게 리어왕이나 햄릿의 희곡을 주면서 써보라고 하면 쓸 수 있겠는가? 결코 쓸 수 없다. 마찬가지로, 예수님의 삶을 보여주면서 그런 삶을 살라고 하면 살 수 있겠는가? 결코 그렇게 할 수 없다. 그런데 셰익스피어의 재능이 내게 들어와 내 안에 거하면 나는 그런 희곡을 쓸 수 있고, 예수님의 영이 내게 들어와 내 안에 거하면 나도 그런 삶을 살 수 있다."

여기에 희망이 있다. 내가 개선해서 이룰 수 있는 것이 아니다. 내가 개혁해서 도달하는 것도 아니다. 하나님의 영, 예수님의 영, 성령의 영이 나와 함께 한다면 나는 '쓸모없음'에서 '쓸모 있음'으로 변하게 된다. 변화의 주체가 내가 아니다. 변화의 중심도 내가 아니다. 오직 주님이 하신 일이다. 오직 하나님이 하실 일이다. 그런 기대감이 바로 우리가 살아갈 희망이다.

야사의 쓸모

앞에서 소개한 책《역사의 쓸모》에서는 '삼국유사'에 관해 이렇게 말하고 있다. 삼국유사에서 '유'는 한자로 '遺'라고 쓴다. 그 뜻은 '끼치다, 전하다'이다. 그리고 '버리다'라는 뜻도 있다. 즉 삼국유사는 버린 이야기들을 묶어서 펴낸 책이다. 반면에 학자 김부식이 지은 '삼국사기'는 정사만 기록되어 있다. 야사는 없다.

죄인의 쓸모

만약 성경에 바른 믿음정사만 기록되었다면 나는 좌절했을 것이고, 아무런 희망도 없었을 것이다. 그런데 성경은 삼국유사처럼 야사에나 나올 법한 버려진 이야기를 통해 끝까지 버리지 않는 하나님의 놀라운 사랑을 깨닫게 한다.

하나님을 버리고 떠난 자들을 내버려 두어도 인간은 할 말이 없다. 그런데도 하나님은 죄인인 인간들을 위해 최후의 비밀병기인 예수님을 보내신다. 버려진 이들을 찾고, 죄를 멸하고, 심지어 죄의 삯인 죽음까지도 깨뜨려 버리신다.

성경은 인간의 더럽고 추한 이야기들로 가득 차 있다. 그런 이야기가 안 나왔으면 좋을 법한 이야기도 많다. 이런 이야기들을 왜 버리지 않고 기록했을까? 그것은 내가 얼마나 큰 죄인이며 더러운 존재였는지를 고발당해야 하기 때문이다. 버려진 이야기를 통해 더는 버려지지 않게 하려는 배려이며, 결코 인간을 버리지 않는 영원한 아버지이신 하나님의 존재를 알리기 위해서다.

하나님은 버려진 우리를 취해서 다시 사용하시는 '재활용'의 대가이시다. 이 놀라운 신비, 죄인인 우리를 입양해서는 친자식으로 대해주시는 그 놀라운 사랑 앞에 어찌 감사하지 않을 수 있는가?

깊도다 하나님의 지혜와 지식의 풍성함이여 _롬 11:33

내 인생의 역사도 삼국사기가 아닌 삼국유사에 가깝다. 정사에는 없는 야사에나 나올 법한 수많은 죄로 가득한, 더 이상 쓸 수 없는 버려진 카드였다. 그런데도 재활용하셔서, 무한대로 쓸 수 있는 사랑을 적립해 주셨다. 영원히 쓸모 있는 사람이라고 인정해 주셨다.

지금 자신이 쓸모없는 사람이라고 자책하는 사람이 있다면 당장 성경을 집어 들어라. 거기에 나오는 인물 중에 올바른 사람이 하나라도 있는지 찾아봐라. 전부 하나님이 재활용해서 사용하고 있다는 데서 희망을 볼 수 있다. 죄인인 나를 쓸모 있게 만든 그 한 분을 영원히 찬양하자.

🔥 생각의 불

"세상에는 오직 죄인들만 존재한다. 두 종류의 죄인이 있다.
 용서받은 죄인과 용서받지 못한 죄인이다."

– 앤드루 머리

"세상에는 오직 죄인들만 존재한다. 두 종류의 죄인이 있다.
 버려졌지만 재활용하는 죄인과 영원히 버려진 죄인이다."

– 최형만

개념으로 산다

부부의 세계

"우리 인간에게는 하나님 크기의 구멍이 있다.

그것이 채워지기를 기다리고 있다.

오직 하나님의 은총만이,

그리고 신성한 사랑만이 채울 수 있다."

– 리처드 로어

"연일 화제다. 초고속 시청률 행진이다. 떨어졌던 부부를 텔레비전 앞에 모이게 하는 드라마다. 연기 신神들의 향연이다. 새로운 신인 탄생, '불륜녀가 이렇게 이뻐도 되나?' 역시나 김희애의 신들린 연기다. 다음 회가 기대되는 드라마다."

- JTBC 〈부부의 세계〉 중에서

부부의 세계

결혼한 사람들의 가장 큰 관심은 부부의 세계다. 연애 시절 밀고 당기던 '밀당'의 시기를 지나 서로를 믿고 의지하기에 가정을 꾸린다. 누구나 꿈꾸는 행복의 예찬론을 펼치고 싶어 한다. 그리고 드라마 속의 행복이 내 현실이 되길 소망한다. 이상이 현실이 되는 꿈같은 시절을 말이다.

그러다 신혼의 단꿈이 훌쩍 지나고, 이상보다 현실이 더 큰 삶의 시기가 되면 후회와 걱정과 근심과 염려가 몰아친다. 꿈의 4할 타자처럼 어쩌면 그렇게 안 되는 것들은 잘 맞히는지 말이다.

누구는 이렇게 말했다.

"부부의 세계 중 첫 출발인 '신혼'은 뭘까?"

신혼은 '신나고 혼나고'이다. 서로 보면 사랑에 겨워 '신나고', 또 초보라 서툴러 '혼나는' 일이 반복된다.

그럼 전체적인 결혼은 뭔가?

'결국 혼나고 끝난다'가 결혼이다.

대박 드라마

지금 코로나19로 인해 전 세계가 고통이다. 모두가 집에서 칩거

개념으로 산다

하는 상황이다. 나라마다 사회적 거리두기를 통해 병의 확산을 막고 있다. 우리나라도 사회적 거리두기로 인해 그동안 붐비던 골목과 상가가 썰렁하다. 가게 매출은 줄고, 기업의 홍보 마케팅도 줄고, 방송국의 광고도 줄었다. 희망은 없나? 탈출구는 없나? 해방구는 없나? 지치고 힘들어 일탈을 꿈꾸기도 한다.

이럴 때 나타난 화신畵神은 바로 드라마 열풍을 일으키고 있는 '부부의 세계'다. 대박이다. 바이러스처럼 급속도로 퍼진다. 입소문에 시청자를 텔레비전 앞에 묶어 놓는다.

코로나19와 드라마19에 공통점이 있다. 단기간에 급속도로 퍼졌다는 것, 그리고 19라는 숫자가 같다는 것이다. 이 드라마는 19금이다. 아이들은 볼 수 없다. 그래서 19금禁인데, 최고의 시청률을 찍었으니 19금金이 되었다. 현재 드라마 중 금메달이다.

이 드라마는 영국의 〈닥터 포스터〉라는 드라마를 한국 상황에 맞게 각색한 것이다. 원작을 그대로 수입하는 경우는 많지만, 리메이크하는 것은 드문 일이다. 한국인은 특히 정서와 감성에 민감한데, 이 드라마는 섬세한 심리묘사가 더해짐으로써 돌풍을 일으켰다.

이 드라마에 젊은 세대들이 더 열광하는데, 그 이유는 젊은 세대들이 미국 드라마, 일본 드라마에 친숙하기 때문이다. 그들은 원작을 이미 경험했고, 리메이크한 한국 방송을 다시 보면서 비교한다. 그래서 더 관심이 있는 것 같다.

왜 대박인가?

몇 년 전 한국에 막장 드라마 열풍이 불었다. 욕하고 본다는 막장 드라마다. 불륜은 기본이다. 좀 도가 지나쳐도 시청률은 늘 고공 행진을 했다. 작가 수입도 공개되었는데, 모두가 그 엄청난 액수에 놀랐다.

시청자들은 위험 수위를 넘나드는 드라마를 더 이상 볼 수 없다고 방송국에 연일 항의했다. 드라마 퇴출을 요구했다. 광고 불매 운동까지 펼쳤다. 결국은 드라마가 없어졌다. 드라마 작가는 돌연 은퇴했고, 다시는 돌아오지 않겠다고 했다. 그 후로 이와 유사한 드라마들은 시청자 눈에서 사라졌다.

그런데 다시 돌아왔다. 드라마 〈부부의 세계〉는 20~30대 전문직 여성들이 즐겨 본다. 이유는 시대 반영이다. 과거와는 다른 Z세대의 등장이다. Z세대는 자신을 솔직하게 표현한다.

그전의 드라마는 주로 여성만 당했었다. 여성들은 가정주부의 신분이라 아무것도 할 수 없었다. 이제는 달라졌다. 여성도 각종 분야에 영향력이 있고, 사회적 지위도 높아졌다. 남편에게만 기대지 않는다. 어느 정도 재력도 있다. 거기다 똑똑하다. 스스로 당당하다. 할 말 다 하고 산다.

그래서 이 드라마의 가장 큰 대박 요건은 바로 이거다.

개념으로 산다

'복수를 실행에 옮길 능력!'

이 드라마 〈부부의 세계〉 대사 내용 중 일부를 소개한다.

> 남편: "바람은 남자의 본능이야."
> 아내: "여자라고 바람피울 줄 몰라서 안 하는 게 아니야. 부부
> 로서 신의 지키며 사는 게 맞기 때문이야."

주체적이고 당당한 여성상이 드라마에 녹아 있는 것이 대박의 요인이다. 불륜과 복수라는 뻔한 주제지만, 이렇게 시대 변화와 함께 달라진 여성의 역할을 정확히 대변했다.

아내가 달라졌어요

과거엔 가부장 사상이 지배했다. 철저한 남존여비, 이것이 한국의 부부 윤리관이었다. 순종을 강요하는 제왕적 남편, 남성의 이기주의, 거기다 남성 중심의 사회적 분위기였다. 여성은 시집가면 3중고에 시달려야 했다. '듣지도, 보지도, 말하지도 못하는' 세월을 견뎌야 했다.

이제는 여성이 남편의 불륜으로 인해 그저 희생당하고 슬퍼하며 울지 않는다. 내 남편을 꼭 지켜야 하는 시대도 아니다. 전화기 돌려

신세 한탄하지도 않는다. 대신, 철저히 계획을 세우고 복수의 화신으로 돌변한다. 그리고 '이에는 이, 눈에는 눈'이라는 동해보복법을 시행한다.

그리고 바람피운 남편에게 당당하고 거침없이 외친다.

"본능은 남자만 있는 게 아니야!!"

성경이 말하는 부부의 세계

마가복음 10장 2절은 다음과 같이 말한다.

"하나님이 짝지어 주신 것을 사람이 나누지 못할지니라"

결혼은 생물학적 남자와 여자의 만남이 아니다. 결혼은 그저 단순한 결합이 아니다. 결혼은 행복의 '보금자리'만이 아니다. 결혼에는 하나님의 뜻이 있다. 결혼은 반드시 하나님의 뜻을 따르는 행복의 '복음자리'여야 한다.

그것은 '연합'을 통해 이뤄져야 한다. 연합은 인간이 만든 방법이나 계획이 아니다. 철저히 하나님의 방법이다. 에덴동산에서 아담과

개념으로 산다

하와의 만남은 바로 그런 연합이었다. 둘이 하나가 되는 신비의 연합, 이것이 성경에서 말하는 예수 그리스도와 교회의 연합의 예표이다. 한 몸이 되는 신비한 계시, 바로 부부의 연합을 통한 예수님과 성도의 무한한 사랑 이야기다.

부부는 맞추기다

부부는 맞추기다. 자신에게 맞추던, 상대에게 맞추던, '둘이 하나 되게' 서로에게 맞춰야 한다. 맞추기는 쉽지 않다. 둘이 하나 되게 하려면 때론 하나를 빼야 하는 희생도 감수해야 한다.

희생은 필수다. 헌신은 기본이다. 배려는 보너스다. 내 것을 전부 양보하던가, 반반씩 양보하면서 사랑을 배운다. 한 손만으로는 소리가 나지 않는다. 두 손이 마주쳐야 맞장구가 일어난다. 그때 기쁨의 스파크가 일어난다.

부부는 입도 맞추고, 마음도 맞추고, 생각도 맞추고, 신앙도 맞춰야 한다. 가장 중요한 것은 하나님께 맞추기다. 부부의 신앙은 마주보기보다 하나님께 맞추기가 우선이다.

부부는 낮추기다. 남자는 아내의 눈높이로 자신을 낮춰야 한다. 아내는 남편을 존중하는 마음으로 자신을 낮춰야 한다. 부부의 사랑은 낮추기에 있다. 낮출 때 더욱 높아지는 원리가 바로 사랑이다. 만약 낮추지 않는다면 하나님이 반드시 시험하신다. 낮추기를 싫어하는 인간은 대체로 교만하기 때문이다.

부부는 멈추기다

상대를 향한 비난, 욕설, 폭력, 비판을 멈춰야 한다. 부정적인 말은 단 한마디도 하지 말아야 한다. 가끔 정지신호를 무시하고 상대방 인격의 추월선을 넘다 보면 대형 사고가 일어난다. 절대로 감정에 운전대를 맡겨서는 안 된다. 감정은 반드시 트렁크에 넣고 가야 한다.

감정싸움에서 가장 문제가 되는 것은 남과의 비교다. 비교하는 순간 남편의 자존감과 자신감의 쌍라이트는 꺼져버린다. 그 즉시 갈등의 어둠이 찾아온다.

특히 남편은 아내를 향해 그 어떤 몸짓, 손짓으로도 폭력을 행해서는 안 된다. 분노의 시선도 안 된다. 폭력은 가장 나쁜 범죄 행위이다. 아내는 결코 내 소유가 아니다. 아내는 내 감정의 샌드백이 아니다. 그러기에 분노를 멈춰야 한다. 무조건 멈춰야 한다. 아내는 하나님이 주신 가장 소중한 선물이기 때문이다.

남편들이여 아내는 '샌드백'이 아니다. 대신 '핸드백'을 선물하라. 그럴 형편이 아니라면 아내의 말에 '피드백'이라도 잘하자.

분노를 멈추게 하는 말씀 브레이크를 보자.

그러므로 각처에서 남자들이 분노와 다툼이 없이 거룩한 손을 들어 기
도하기를 원하노라 _딤전 2:8

부부는 춤추기다

각자 추는 막춤도 좋지만, 그래도 멋진 일심동체의 춤을 추자. 춤
추기의 기본은 미소다. 상대방에 대한 예의이다. 상대를 아끼는 눈
빛은 필수다. 상대를 향한 사랑의 심장 소리는 드럼이다.

자, 그럼 시작이다. 기쁨의 선율에 맞춰 매일 춤을 추자. 홀로 추는
춤은 기술이지만, 함께 추는 춤은 예술이다. 가끔 다른 파트너와 춤
을 추고 싶은 충동이 생겨도 절제해야 한다.

절제는 인내와 형제간이다. 두 형제를 사랑한다면 이웃을 탐하지
않을 것이다. 왈츠에 맞춰 신나게, 탱고에 맞춰 정열적으로, 삼바 리
듬에 맞춰 삼박하게 춤을 추자. 상대의 발을 밟아버리는 무례한 춤
은 절대 추지 않아야 한다.

리처드 로어 신부는 이런 말을 했다.

"많은 사람이 '생존의 춤'은 열심히 배우는데, 정말 춰야 할 '성스러운 춤'은 아예 배울 생각조차 하지 않는다."

나는 이런 부부가 좋더라

내가 제일 좋아하는 과일은 복숭아다. 복숭아를 보면서 이런 생각이 든다. 복숭아는 외부의 충격을 받으면 외형이 흐물흐물해진다. 그런데 외형이 무너져도 복숭아가 상실하지 않는 것이 하나 있다. 그것은 바로 '단맛'이다.

나는 복숭아처럼 그런 부부가 되고 싶다. 세상의 풍파와 시련에 외형은 심하게 찌그러져 힘들지라도, 서로를 향한 사랑의 '단맛'은 잃지 않는 부부이기를 기대한다.

절대로 이런 남편은 되고 싶지 않다. 외부의 압박이 올 때 '쓴맛'을 그대로 아내에게 표현하는 사람 말이다. 이런 경우를 '씀바귀 남편'이라 한다. 생각만 해도 쓰다.

부부에게 말하다

〈선을 넘는 녀석들〉이란 방송 프로그램이 있다. 배움의 열정을 위해 기존의 '상식선'을 넘는다는 프로그램이다. 그러나 부부는 오히려 '선을 지키는 사람'이어야 한다. 선을 넘으면 돌아올 수 없다. 지워진 선을 다시 이으려면 또다시 오랜 신뢰를 쌓아야 한다. 그래서 지킬 건 지켜야 하는 선, 그 선을 부부의 '한계선'이라고 말하고 싶다.

《부부, 사랑을 배우다》란 책에서는 부부가 하지 말아야 할 내용에 대해 다음과 같이 말한다.*

1. 이혼 이야기를 절대 꺼내지 않는다.
2. 과거의 문제를 들추지 않는다.
3. 아이들 앞에서 싸우지 않는다.
4. 갈등이 격해질 때 타임아웃을 부른다.
5. 폭력을 행사하지 않는다.
6. 화난 채 잠자리에 들지 않는다.

위에 말한 것들은 부부 사이에 절대 넘지 말아야 할 한계선이다. 이 선을 넘으면 심각한 문제가 생긴다. 이 선만 잘 지켜도 분란이나 다툼, 격한 싸움으로 번지는 것을 방지할 수 있다.

———
* 부부, 사랑을 배우다. 알렉스 켄드릭, 스티븐 켄드릭 저, 이지혜 역, 토기장이.

책에서 제시한 내용을 뼈대로 해서 내 생각의 살을 덧붙여 말해
보겠다.

첫째, 이혼 이야기는 절대 꺼내지 않는다.

연탄재 함부로 발로 차지 말라는 시 제목처럼 이혼 이야기는 절대
로 함부로 해서는 안 된다. 한 조사에 의하면 아내 없이 혼자 사는
남성은 평균 수명보다 5년 더 빨리 죽는다고 한다. 정작 아내 있는
남성 중에는 죽고 싶은 사람이 많다고 한다. 여성도 남편 없이 혼자
살면 남편 있는 여성보다 더 일찍 죽는다고 한다. 그런데 남편과 함
께 사는 여성 중에 암에 걸리는 아내가 많다고 한다.

모든 제도는 살다가 필요해서 만든 것이지만, 가정은 하나님의 계
획과 기대가 무엇인지를 보여주는 것이다. 이혼은 하나님의 계획과
기대를 깨고 자신이 하나님이 되려는 행동이다.

둘째, 과거의 문제는 들추지 않는다.

노년까지 다정하게 잘 살았던 부부가 있었다. 아내와 헤어질 시간
이 다가온 것을 안 남편이 마지막 유언을 위해 아내를 불렀다.

> "여보, 당신을 사랑하오. 그러나 죽기 전에 고백할 게 있소. 당
> 신 말고 다른 여자도 사랑했소."

개념으로 산다

이 말을 듣고 얌전했던 아내는 그 남편의 목을 졸랐다고 한다. 유머지만, 과거를 들추면 '수명을 단축한다'는 교훈을 준다.

김형석 교수의 《왜 우리에게 인문학이 필요한가?》에는 다음과 같은 내용이 나온다. 한국의 제약회사에 근무하는 스위스 약사에게 한국 약학자들과 함께 일하면서 가장 어려웠던 점이 무엇인지를 물었다. 돌아온 대답은 이랬다.

"이미 지나가 버려 의미가 없는 과거를 들춰내는 것이다."

하나님은 말씀하신다.

"지나간 때로 족하도다"_벧전 4:3

셋째, 아이들 앞에서 싸우지 않는다.

부모가 자녀를 앞에서 서로 싸울 때 자녀가 받는 상처는 다른 상처보다 훨씬 크다고 한다. 내 학우 중에 청소년기에 폭력 서클에 가담했던 친구가 있다. 이유는 가정불화에 있었다. 부모의 음주와 가정 폭력으로 잠재해 있던 분노가 터져 나온 것이다. 작은 불티가 발화점이 되는 법이다. 가장 안전한 가정을 잠재적 폭발물로 만들진 말아야 한다.

넷째, 갈등이 격해질 때 타임아웃을 부른다.

운동경기에서 타임아웃을 부르는 경우는 두 가지다. 작전이 원활하지 않을 때, 또 하나는 상대와 갈등이 격해질 때다. 이 둘을 적절하게 조절하는 것이 바로 명장이다.

다섯째, 화난 채 잠자리에 들지 않는다.

화난 채 잠자리에 들면 건강에도 안 좋다. 그렇게 과도한 스트레스로 잠들면 나중에 숨진 채 잠자리에서 발견될 것이다.

"상대방이 인간이라는 사실을 용납하지 않으면 이혼 외에는 길이 없다. 기대보다는 격려로 살아가는 법을 배워야 한다."

이 말은 거룩한 빛 광성교회 김수경 목사가 내게 해준 말이다.

심心 봤다

심마니는 산에서 산삼을 발견하면 "심 봤다"라고 외친다. 그 귀한 산삼을 봤으니 얼마나 행복하겠는가? 우리 가정에도 날마다 "심 봤다"라는 행복한 외침이 울려 퍼지면 얼마나 좋겠는가?

그렇다면 우리 가정에서 발견하기를 힘써야 할 소중한 심心은 무

개념으로 산다

엇일까?

첫째, 살피심心이다.

하나님은 오늘도 우리를 살피고 계신다. 하늘에서 사람을 굽어보시면서 지혜로운 사람이 있는지, 하나님을 찾는 사람이 있는지 살펴보신다. 오직 사랑의 눈으로 말이다. 하나님의 살피심이 행복의 근원이다.

둘째, 합심心이다.

서로를 설득해서 이기려 하지 말고, 같은 마음을 가지도록 힘쓰라. 져라. 합심해서 기도하라. 가정에서 발견되어야 할 보물을 바로 '하나 된 마음'이다.

셋째, 진심心이다.

사랑은 우리 존재의 뿌리이자 터이다. 그러므로 하나님이 주신 사랑을 진심으로 지키고 보호해야 한다. 진심은 통한다는 말이 있다. 시대가 변하고 관점이 바뀌어도 진심은 바뀌지 않는다. 진실한 사랑 외에 아무리 좋은 것이라도, 거기에 마음을 뺏긴다면 그것은 해로운 것으로 변하게 된다. 진심이 들어설 자리가 없어진다.

생각의 불

어떤 사람이 중고사이트에 이런 글을 올렸다.

"구입한 지 30년 되었고, 아직 쓸 만합니다. 연봉은 6천, 알코올값으로 일 년에 2천 들어갑니다. 지금까지 수리비는 크게 들지 않았습니다. 구입하는 분께는 사은품으로 '시어머니'를 드립니다."

개념으로 산다

영혼에 밑줄 긋는 시간

> "잘 썼지만, 마음을 얼리는 글이 있고,
> 못 썼지만, 마음을 울리는 글이 있다."
>
> – 다쓰노 가즈오

이심전심

다쓰노 가즈오라는 일본의 언론인 겸 작가는 좋은 글의 첫 번째 요소를 "이것은 꼭 쓰고 싶다", "이것은 반드시 전달해야 한다"라는 마음이라고 말했다. 다시 말해 진정성, 풀어 설명하면 '진심'이다. 그는 마음 그대로의 진심, 이것이 중요하다고 힘주어 말하고 있다.

글을 쓰는 사람에게 가장 중요한 것이 '진심'이라면 글을 읽는 독자에게 가장 득이 되는 것은 진심을 얻는 것이 아닐까?

'이심전심'以心傳心

전하는 작가와 읽는 독자가 하나 될 때 비로소 기쁨은 배가 될 것이다.

통찰 시력

인간이 '본다'고 하는 것에는 여러 가지가 있다. 단순히 보이는 것을 보는 '육안'肉眼, 마음으로 보는 '심안'心眼, 지혜로 보는 '뇌안'腦眼, 그리고 한 사람의 내면의 깊은 영혼을 보는 '영안'靈眼이 있다.

책을 볼 때도 사물만 보이면 육안으로만 본 것이고, 등장인물의 감정이 이입되면 심안으로 본 것이고, 지혜와 지식을 얻었다면 뇌안으로 본 것이며, 나와 너를 넘어 초월하신 하나님까지 본다면 그는 영안으로 본 것이다.

독서도 읽는 방식에 따라 이처럼 깊이가 다르다는 것을 알 수 있다. 똑같은 책을 읽고서 받아들인 느낌이 다르듯, 해석하는 방식도 읽는 방식에 따라 다른 것이다.

다쓰노 가즈오는 《어느 노老 언론인의 작문 노트》라는 책에서 인간의 보는 능력에 대해 이렇게 말하고 있다.

인간의 시력에는 두 가지가 있다. 첫째는 '**동체 시력**'動體 視力이다. 이는 '움직이는 사물을 보는 시력'을 말한다. 다시 말해 세계적인 일본의 야구 영웅 이치로가 날아오는 공을 보는 능력이다. 이 능력 하나로 그는 전설의 야구선수가 되었다. 힘으로 하는 야구가 아닌 사무라이의 눈으로 야구의 전설이 되었다. 실제로 이치로의 일상을 보면 그는 인터넷 게임이나 텔레비전 시청을 철저히 금했다고 한다. 시속 150km 이상의 공을 치려면 시력이 얼마나 중요한지를 알고 있었기 때문이다.

또 하나의 시력은 **'통찰 시력'**洞察 視力이다. 통찰은 '본질을 꿰뚫어 보는 힘', '깊이의 근간'이다. 이와 반대는 껍질이다. 껍질은 외형에만 집중한다. 본질은 내면에 집중한다. 본질은 시계보다는 시간에, 침대보다는 단 수면에, 집보다는 가족에, 율법의 행위보다는 은혜의 복음에 집중하는 것이다.

이치로 선수가 동체 시력을 위해 노력한 것처럼, 통찰 시력도 얼마든지 높일 수 있다. 대신 인간의 능력과 노력으로는 한계가 있다. 따라서 성령의 능력을 구해야 한다.

성령은 모든 것 곧 하나님의 깊은 것까지도 통달하시느니라
_ 고전 2:10

부자 청년

어느 날 한 부자 청년이 예수님을 찾아왔다. 그는 예수님께 영생을 얻는 길을 물었지만, 결국 슬픈 기색으로 근심하면서 돌아갔다. 그는 영생보다는 이 땅에서의 일시적인 복에 취해 예수님을 떠난 것이다.

동체 시력으로 부자 청년을 보면, 그는 하나님께 큰 복을 받은 사람이요, 누구나 우러러볼 위치에 있는 사람이다. 유대인의 사고방식에 의하면 부자는 곧 하나님의 복과 연결되기 때문이다.

그러나 예수님은 동체 시력으로 그를 보시지 않았다. 예수님은 성령의 능력으로, 영적 시력으로 그의 본질을 꿰뚫어 보셨다. 그는 겉과 속이 다른 이중성의 대표적인 인물이었다.

그는 하나님이 베풀어주신 부를 자신에게만 사용하는 자였다. 그는 자신이 율법을 잘 지킨다는 것을 뽐내려 했지만, 예수님은 그가 가장 중요한 계명, 마음에 있는 사랑의 계명을 지키지 못한 것을 드러내셨다. 어쩌면 예수님은 부자 청년 한 개인이 아니라, 그런 생각을 하는 집단 모두를 고발하고 계신 것이다.

예수님이 그의 마음이 거짓임을 밝히시자, 그의 열심이 도리어 근심이 되었다. 거짓이 밝혀지고, 주위 사람들에게 자신의 열심이 고발당하는 처지가 된 것이다. 거짓의 위선이 진리 앞에 맥도 못 추고

개념으로 산다

사라진 것이다.

진심 no 진상 yes

숭실대 김회권 교수의 책《청년 설교》에는 이윤 때문에 '진심'을 잃어버린 기업의 파렴치한 행위가 나온다. 간단히 정리하면 다음과 같다.

아프리카에 부르키나파소라는 나라가 있다. 육군 중령인 토마스 상카라가 1984년 부패한 식민지 세력과 결탁한 정치, 경제적 세력들을 몰아내고 이 나라를 세웠다. 그런데 상카라는 미국의 CIA에 포섭된 쿠데타 동지 블레즈 콩파오레에 의해 암살당한다. 또 칠레의 아옌데 대통령 역시 미국의 지원을 받은 쿠데타군에 의해 비극적으로 암살당한다.

이 두 대통령은 각각 자기 나라의 어린이들에게 무료로 빵을 나눠 주고 농산물을 나눠 주려 했다. 그러자 농산물 가격이 폭락하게 된다. 또한 칠레 정부가 칠레에서 생산한 우유를 어린이들에게 무료로 나눠주자, 다국적 기업인 네슬레가 막대한 이익을 잃게 된다. 미국은 이런 상황에서 아옌데를 제거한 것이다.

이들의 공통점은 바로 거대한 다국적 기업의 경제적 침탈과 지배를 막으려다가 죽었다는 것이다. 이들의 죽음 뒤에는 모두 다국적 기업의 이윤이 연관되어 있다.

복음만이 진심이다.

우리는 신앙인이다. 신앙인은 예수 그리스도의 진심을 그대로 전하고, 그대로 살아내야 한다. 그러기 위해서는 십자가의 진심을 깨달아야 한다.
십자가의 진심은 다음과 같다.

* 영혼의 추수를 위해 순간의 쾌락을 버려야 한다.
* 영혼의 유익을 위해 육신의 고통을 기꺼이 감수해야 한다.
* 그리스도의 영광을 위해 자신의 수치를 이겨내야 한다.
* 자신의 낮아지는 상황도 전혀 개의치 않아야 한다.

그래야 통찰의 시력으로 세상을 바라보며 세상에 영향을 끼치는 소금과 빛이 된다.

동체 시력의 독서

〈요즘 책방: 책 읽어드립니다〉라는 TV 프로그램이 있다. 한 권의 책을 정해 출연한 패널들이 요약하여 소개하고, 그 내용을 바탕으로 토론하는 방식이다. 그들은 이 프로그램을 이렇게 홍보하고 있다.

"죽은 책도 살리는 전설의 독서가들이 온다."

정말 그런가? 나는 그들이 책을 읽고 풀어내는 방식이 '동체 시력' 動體 視力이라고 감히 말하고 싶다. 얼마 전 이 프로그램에서 헤르만 헤세의 '데미안'이란 책을 소개하며 깨달음의 보화라고 극찬하는 것을 보았다. 정말 그럴까? 주님을 믿는 성도들은 세상과 구별된 사람이다. 그러므로 분별하는 독서가 꼭 필요하다.

평소에 좋은 신앙 서적을 소개하고, 깊은 묵상의 글로 진심을 전하는 김민호 목사가 자신이 쓴 《어둠 속에서 찾은 길》을 선물로 주었다. 만약 이 책을 읽지 않았다면 헤르만 헤세의 '데미안'은 나에게 좋은 책으로 기억되었을 것이다. 그러나 이 책을 읽은 후 새삼 분별의 중요성을 알게 되었다.

저자의 동의를 구하고 그 책의 내용을 여기에 적어본다.

오스 기니스는 "그리스도인들이 만일 세속의 영역이라고 생각하는 그 영역에서 세상의 방식으로 생각을 빌려오게 되면, 도구 하나만 따로 빌려 오는 게 아니라 각 문제에 대한 그들 나름의 특수한 편견으로 채색된 철학적 도구상자 전체를 빌려 오는 것"이라고 했다. 헤르만 헤세의 데미안이 끊임없이 싱클레어라는 한 신자를 자기처럼 생각하게 유도하는 장면이 이를 잘 보여준다.

처음에 데미안과 싱클레어는 모든 면에서 생각이 달랐다. 데미안은 선과 악을 대립의 관계로 보지 않고 조화의 관계로 보았고, 이 둘이 서로 동등한 한 몸을 이룬 상태로 생각했다. 반면 싱클레어는 어렸을 때부터 성경의 가르침에 근거하여 성당과 가정에서 모든 것을 해석하도록 교육받았으므로, 상대성이 아닌 절대성의 원리로 모든 것을 보고 해석했다.

그러나 데미안은 끊임없이 싱클레어가 자기처럼 생각하도록 요구했다. 이런 데미안의 접근은 싱클레어에게 혼란과 충격을 줬지만, 시간이 지나면서 싱클레어는 일종의 매력을 느끼게 되었다. 그리고 나중에 전쟁터에서 데미안이 싱클레어 옆에서 죽어가게 되는데, 여기서 데미안은 싱클레어에게 '하나 됨'을 선언한다. 데미안은 지금 죽어가지만 이제 싱클레어가 데미안으로 살아가게 될 것이라는 말이다.

데미안이 끊임없이 싱클레어가 자기처럼 생각하도록 한 결과가 바

개념으로 산다

로 이것이었다. 데미안처럼 생각하는 데 익숙해진 싱클레어는 결국 자신을 잃어버리고, 또 다른 데미안으로 살게 된 것이다.

이것을 통찰 시력洞察 視力으로 보면 다음과 같이 말할 수 있다. 성경적 사고를 하는 싱클레어가 상대적 가치를 존중하는 데미안에게 이끌려 간다면, 일상의 모든 영역을 세상의 가치로 바라보게 되고, 결국 복음을 버리고 세상의 데미안으로 끌려 들어가게 된다는 것이다. 이것이 바로 오스 기니스가 경고한 것이다. 세상의 도구 하나만 빌려와도 사상 전체가 주입될 수 있다는 것이다.

> 한 사람이 두 주인을 섬기지 못할 것이니 혹 이를 미워하고 저를 사랑하거나 혹 이를 중히 여기고 저를 경히 여김이라 _마 6:23

통찰 시력의 독서*

나는 대학에서 연극을 전공했다. 연극에서 연기보다 중요한 것은 대본에 대한 이해이다. 극중 인물의 심리분석을 하지 않고는 무대에

---

* 김경집 교수의 《생각의 프레임》을 읽고 나름대로 정리했다.

설 수 없다. 세밀하게 내면 깊은 곳까지 파고들어야 한다. 그 심리묘사가 관객을 몰입하게 한다. 연극의 정점은 바로 심리묘사에 있다. 독서도 마찬가지다. 독서의 통찰도 작가의 의도와 인물의 심리가 나와 동일시되는 것이다.

불세출의 작가 셰익스피어의 작품 중 가장 널리 알려진 것은 《햄릿》이다. 《햄릿》의 명대사는 많은 분야에서 패러디되었다.

"죽느냐 사느냐, 그것이 문제로다." - 햄릿 -

"굶느냐 먹느냐, 그것이 문제로다." - 다이어트 -

"파느냐 그냥 갖고 있느냐, 그것이 문제로다." - 아파트 매매 -

"교회를 옮기느냐 그대로 있느냐, 그것이 문제로다." - 성도 -

사실 이 대사 하나에는 엄청난 심리묘사가 들어 있다. 단순히 죽느냐 사느냐의 문제가 아니다. 우선, 작품에 대한 이해가 필요하기에 내용을 간략히 소개하면 다음과 같다.

햄릿에게는 숙부가 있다. 그 숙부는 햄릿의 아버지를 죽였다. 몰래 암살한 거다. 교활한 숙부다. 햄릿이 왕위를 계승해야 하지만, 그때 그는 멀리 타국에 있었다. 그래서 숙부 클로디어스가 왕위에 오른다. 순서도 어긴 몰상식의 극치다.

아버지의 죽음의 소식을 듣고 귀국한 햄릿은 완전 '멘붕'이다. 아버지는 죽었고, 거기다 어머니는 음흉한 숙부와 결혼했다. 헐~. 이런 비통한 상황에서 아버지가 햄릿의 꿈에 나타난다. 그리곤 암시를 준다. "숙부가 죽였다."

햄릿은 복수를 결심한다. 그는 사랑하는 여인과의 결혼도 포기하고, 오직 하나 복수에만 올인한다. 그렇게도 복수를 간절히 원했지만, 복수의 기회는 좀처럼 오지 않았다. 숙부는 몸을 사렸다. 자기 주위에 호위무사를 두었다. 게다가 왕에게 가려면 무기를 지닐 수도 없었다.

이런 상황에서 나온 대사가 바로 "죽느냐 사느냐, 그것이 문제로다"이다. 햄릿의 심리묘사를 대입하면 "복수를 못 할 바에는 차라리 죽는 게 낫다"는 것이다. 사람들은 햄릿의 행동을 보고 우유부단하다고 한다. 그러나 전혀 그렇지 않다. 이것은 통찰의 시력으로 보지 않으면 절대 보이지 않는다.

마침내 기회가 왔다. 햄릿은 침소에 든 왕을 본다. 주변에 호위무사도 없다. 잠옷 차림에 등을 지고 있다. 이런 기회가 또 오겠는가? 늘 차고 다니던 단검을 들고 살금살금 다가간다. 그리고 왕을 찌르려던 순간, 그는 단검을 거두고 그대로 돌아 나온다.

왜 그랬을까? 양심이 되살아나서일까? 아니면 숙부가 거울을 보다가 자신의 모습을 본 걸까? 햄릿은 아버지의 원수이자 왕위를 찬

탈한 숙부를 죽이려 했으나, 숙부는 그때 저녁 기도를 하고 있었다. 숙부는 신에게 참회의 기도를 하고 있었다. 회개와 용서를 구한 것이다.

햄릿이 숙부를 그대로 찔렀다면 기도를 들으신 신께서 죄를 용서했을 것이고, 숙부는 지옥에 떨어지지 않았을 것이다. 햄릿의 목적은 왕을 죽이는 것이 전부가 아니었다. 햄릿은 숙부가 죽어서도 영원히 죗값을 치러야 한다고 생각했다.

아!! 이것보다 더 철저한 복수의 화신은 없을 것이다. 여기까지 읽어내는 것이 바로 '통찰의 독서'이다. 인간의 폐부 깊은 곳까지 샅샅이 살펴보는 것, 보이지 않는 곳까지 찾아내는 것이다.

이제 앞으로는 '여유' 있는 독서가 아니라, '이유' 있는 독서를 하자. 내 영혼에 밑줄을 그어 영원히 지워지지 않을 그런 독서를 하자.

영적 시력의 독서

이제 가장 높은 단계인 영적 시력으로 보는 방법이다. 하나님의 놀라운 신비는 인간이 절대로 찾을 수 없다. 철저히 가려져서 보이지 않기 때문이다.

눈으로 보지 못하고 귀로 듣지 못하고 사람의 마음으로 생각하지도 못
하였다 _사 64:4 이하

하나님의 신비는 죄인인 우리를 구원하기 위해 만세 전에 미리 정
하신 것이다. 이것은 사람의 지혜에서는 나올 수 없는, 오직 하나님
에게서 나온 생각이다. 우리는 오직 성령님을 통해서만 이것을 깨
달을 수 있다. 하나님께서 복음의 신비를 우리에게 열어주셔야만 그
비밀을 발견할 수 있다.

하나님의 지혜에 있어서는 이 세상이 자기 지혜로 하나님을 알지 못하
므로 _고전 1:23

성령을 매 순간 사모하는 것, 이것이 영적 시력으로 보는 것이다.

오직 하나님이 성령으로 이것을 우리에게 보이셨으니 성령은 모든 것
곧 하나님의 깊은 것까지도 통달하시느니라 _고전 2:10

성경은 한 마디로 십자가에 달린 예수 그리스도를 정확히 말하고
있다. 십자가가 아니라면 성경은 단지 윤리적인 교훈이나 종교적 습
관의 나열에 불과할 것이다. 그리스도인이 된다는 것은 바로 이 십

자가 사건을 안다는 것이다. 그분만이 우리의 실존이다. 그분에게만 생명이 있다. 십자가의 도, 이것만이 매일, 매 순간 내 영혼에 새기고 밑줄 그어야 할 것이다.

> 십자가의 도가 멸망하는 자들에게는 미련한 것이요 구원을 받는 우리
> 에게는 하나님의 능력이라 _고전 1:18

이제 앞으로는 여유 있는 독서가 아니라 여생을 바치는 독서, 진리를 찾는 독서, 내 인생을 걸만한 독서를 하자. 절대 시간을 통해 하나님 한 분으로 족한 삶을 찾자. 그리스도를 위해 사는 것 외에 그 어떤 삶의 소망도 없음을 깊이 깨닫자.

🔥 생각의 불

> "인생의 진짜 문제는 무엇을 해야 할지 모르는 것이 아니라
> 아무것도 안 하는 것이다."

개념으로 산다

우리가 하나님을 오해했다

> "생각의 차이가 일류를 만든다."
>
> 이동규

하수와 고수

한 경영학자가 이렇게 말했다.

"한 가지를 10년 이상 한 사람은 인생을 멋지게 살아간다."

이런 사람을 우리는 '고수'라고 한다. 한 분야를 두고 1만 시간, 10년을 지속하면 그 분야에 고수가 된다.

그럼 하수는?

"고수는 머릿속에 한 가지 생각을 하는 분들이다. 하수는 머릿속에 만 가지 생각을 하는 사람들이다."

이 말을 신앙에 적용하면 다음과 같다.

"신앙의 고수는 머릿속에 하나님만 생각하는 분들이고, 신앙의 하수는 머릿속에 만 가지 생각으로 하나님을 떠올리지 않는 분들이다."

당신은 고수입니까? 아니면 하수입니까? 우리는 모두 고수도 아니고 하수도 아닌, '죄인 중의 괴수'입니다.

명백한 오해

한 취준생이 일기예보를 보고 SNS에 글을 올려 화제가 되었다.

"가을 태풍이 한반도를 비껴갔다.
나는 태풍이 부럽다.
태풍은 진로라도 있지…."

이 말이 취직을 준비하는 취준생의 마음을 대변하고 있다. 오랜 기간의 준비, 매일 매일의 초조함, 먼저 취직한 친구들, 덥수룩한 수염, 집안의 눈총, 헐렁해진 바지…. 이 환경에서 하루빨리 벗어나고 싶을 것이다. "태풍은 진로라도 있지"라는 말에 많은 이들이 공감했을

개념으로 산다

것이다.

그러나 명백한 오해다. 태풍은 스스로 진로를 정할 수 없다. 진로는 그 뒤에 역사하시는 하나님이 정하시는 거다. 하나님이 "가라" 하면 가고, "오라" 하면 오는 거다.

출애굽의 구원 사건을 보라. 구름 기둥, 불기둥 스스로가 움직여 이스라엘 백성에게 Sign을 보낸 것이 아니다. 천지를 지으신 하나님이 하신 일이다. 표적과 기사를 통해 하나님이 일하심을 눈으로 확인하게 한 사건이다. 영원히 이 사건을 잊지 말고 전하라는 것이다.

명백한 오해!!!

확실한 증거만이 해결책이다.

오해하지 말고 이해

이현주 목사의 《오늘, 하루》라는 책에는 이런 우화가 나온다.

여기 누가 청자 항아리를 상 위에 올려놓았다.
지나가는 사람에게 물었다.
"이게 무엇이오?"
행인 A가 항아리를 자세히 살펴보고 나서 대답한다.
"청자 항아리군. 꽤 오래된 골동품이야. 값도 제법 나가겠는걸."

행인 B는 항아리 마개를 열고, 속을 보고, 냄새도 맡고, 맛도 보고 대답했다.

"술이 담겨 있는 청자 항아리요."

세 번째 행인 C가 행인 B처럼 항아리를 안팎으로 조사하더니 이렇게 말했다.

"이건 청자 항아리에 담긴 술이요."

독자에게 묻는다. 당신은 어떤 것을 선택하겠는가? 답은 스스로 생각해야 한다. 이것은 어디까지나 생각의 문제지, 당신의 인생을 논하는 것은 아니다. 그러니 절대 오해하지 말고, 이해하자.

행인 A의 생각은 내가 본 그대로를 내 안에 갖는 것이고, 행인 B의 생각은 겉이 아닌 오성으로 내 안에 갖는 것이고, 행인 C의 생각은 항아리, 곧 질그릇 속에 담겨 있는 영혼을 보는 것이다.

사랑을 오해하다

미국에서 백수로 살던 사람이 어마어마한 복권에 당첨됐다. 우연히 산 복권으로 인생 역전이 되었다. 대박 인생이다. 그가 억만장자가 되고 제일 먼저 한 것은?

'이혼'이었다. 그리고 집안에 함께 살던 여자 조카에게 매일 100

불의 용돈을 주었다. 몇 년 후, 억만장자는 도박과 투자 실패와 사기로 인한 소송으로 재산 전부를 탕진했다. 진탕 쓰고 탕진했다.

결국은 파산했다. 더 충격적인 것은 너무나 사랑해서 100불씩 주었던 여자 조카는 그 돈으로 마약을 복용했고, 결국 마약 중독으로 14세에 생을 마감했다. 그는 행복을 오해했고, 사랑을 오해했다.

나도 오해했다

늦은 밤을 넘어 자정이 지났다. 책을 보며 정리를 하다가 잠시 인터넷을 켰다. 사색하기 좋은 시간에 검색이 시작되었다. 독서의 자양분을 인터넷에 고스란히 뺏겼다.

방송을 쉰 지 5년이다. 인터넷에서 제일 먼저 눈이 가는 것은? 아무래도 연예계 소식이다. 거기에 내 후배 기사와 함께 성공한 연예인의 기사가 기획 특집으로 떴다.

"건물 매입 후 되팔아 엄청난 시세차익!!!"
"연예인 초호화 하우스 공개"
"제주도의 호텔 사장님 되다"

계속해서 꼬리를 물고 기사가 떠올랐다.

"중국에서 100억 출연료!"
"주식 상장 부자 1위 1800억!"

　과거에 열악했던 방송 환경이 이제는 최단기간에 성공할 수 있는 환경이 되었다. 내가 평생 모은 방송출연료를 그들은 몇 번의 출연으로 모은다.

　이 기사를 클릭하지 말았어야 했다. 갑자기 내 자존감에 클릭 되면서, 업로드가 아니라 열등감의 바이러스가 다운로드 되면서 내 신세가 '급' 초라해졌다.

　난 뭐지? 지금까지 뭘 한 거지? 이 책들이 다 뭐지?

　그때 책장에 있는 한 책이 눈에 들어왔다.

　'징비록!'

　아, 정말 지금의 나를 위한 책이다. 정말 징그럽고, 비참하다. 이 짧은 시간, 내 영혼은 무너졌다. 소유의 고래가 존재의 새우를 먹어 버렸다. 그날 밤, 존재를 위한 영적 독서는 소유의 탐심에 먹혀 버렸다. 낮은 자존감에는 카페인이 엄청나게 들어 있나 보다. 잠이 오지 않았다.

　내 책상 위의 노트에는 이런 메모가 있었음에도 나는 그런 생각을 했다.

개념으로 산다

"독일의 심리학자 에리히 프롬은 그의 책《소유냐 존재냐》에서 생물학적 욕망에서 출발한 '소유 지향적 삶'의 방식과 베풀고 나누어 주고 희생하는 '존재 지향적 삶'의 방식을 구분하였다."

나도 존재 지향적인 삶을 살고 싶다. 하나님 힘을 주세요!

계속된 오해

새벽 4시 반, 배가 고팠다. 참담한 마음을 음식으로 채우고 싶었다. 내 차에 시동을 걸었다. 후배 차를 보고 내 차를 보니, 내 차가 똥차로 보였다. 난 순간 웃었다. 똥차에 탄 나는 똥인 거다. 헛웃음이 나왔다.

기사 식당에 자리를 잡았다. 하필이면 내 앞자리에 술 취한 남자가 있었다. 이 사람은 연신 헛소리, 잔소리를 내뱉고 있었다. 아마 이 인간도 인터넷 보다가 친구나 후배가 대박 난 기사를 보고 여기에 있는 것 아닐까?

나는 죽고 싶었다. 내 기분은 회복 불능이고, 내 자존감은 급하강이었다. 더러워서 다시는 방송국을 쳐다보지도 않겠다던 그 자존심! 자존심이 밥 먹여주나? 이때 나는 신학대학원 2학년을 마치고 휴학 중이었다.

오해를 한 방에

죽고 싶다는 생각만 하고 있을 때, 그 술에 취한 남자가 날 정면으로 노려보면서 이렇게 말했다.

"야! 너 뭘 생각해? 인생 똑바로 살아!!"

내 귀를 의심했다. 그가 또 말했다.

"얼른 밥 처먹고 똑바로 살아, 이 자식아!!"

이 말이 내 존재를 깨웠다. 소유로 자존감이 낮아진 나를 '욕'으로 깨우친 것이다.

"그래, 이 인간 말대로 밥 먹고 힘을 내자. 내 뒤에 하나님이 계신다."

다시 돌아온 나는 집에 앉아 책을 집어 들었다.

"절망은 소중한 선물이다. 왜냐면 변화를 자극하기 때문이다."

개념으로 산다

나는 가끔 그런 생각을 한다. 새벽까지 염려와 걱정으로 잠을 못 이루는 시간이 찾아오면 다시 그 식당에 가고 싶다. 오늘도 정신 못 차린 사람에게 술 취한 취객을 보내서라도 정신 차리게 하시는 하나님의 섭리를 보고 싶기 때문이다.

사탄은 뱀을 통해 하나님의 자리를 노렸지만, 하나님은 나귀를 통해서도 하나님의 섭리를 계시하셨다. 지금도 어느 장소, 어떤 환경에서든지 오해의 소리도 들리고, 하나님의 오묘한 소리도 들린다. 당신은 어느 소리에 더 민감한가?

오늘도 하나님의 음성이 메말라가는 심령을 향해 쩌렁쩌렁 울린다.

들을 귀 있는 자는 들으라 _막 4:23

 생각의 불

"오해를 바로잡는 일은 일상의 초점을 바로 잡는 것이다."

개념으로 산다

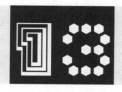

위쪽으로 떨어지다*

하나 되는 민족

코로나19로 삶의 많은 변화가 일어났다. 외출을 자제하는 사회적 거리두기로 바이러스의 확산을 막고 있다. 한국인으로서 참 자랑스럽다. 온 세계가 극찬하고 있다. 한국의 대응책을 배우러 올 정도다. 2002년 월드컵 4강 신화 이후 다시 맛보는 '모두 하나 되는' 경험이다.

---

* '위로 떨어지다.'는 말은 오직 추락해본 사람만이 위로 올라갈 수 있다는 반어적 표현이다.

뭐 한번 하면 참 빨리빨리 잘 해내는 민족이다. 거기다 우리 민족은 신바람 민족이다. 한번 흥을 받으면 끝까지 탄력을 받는다. 한국의 신바람 시계는 언제나 '몹'시 '흥'분을 가리키고 있다.

흥해라 대한민국!!

배다른 민족

이런 상황에서 자영업자들의 어려움은 말해 무엇 하랴? 생계 곤란이고, 미래 불안이다. 생각은 진보고, 생계는 후퇴다. 격차가 너무 벌어져 어찌할 수 없다.

그런데 이때 배달 주문 서비스 브랜드인 '배달의 민족'이 유별난 짓을 해댄다. 일명 '뻘짓'이다. 땀 뻘뻘 흘리면서 일하는데, 배달 앱 수수료 인상으로 거센 반발을 불러일으켰다. 이 사건 이후 배달의 민족은 SNS를 통해 '배신의 민족', '배다른 민족'으로 불리며 연일 비난의 폭탄을 맞아야 했다.

왜 그랬을까? 자영업자들의 매출 감소는 감정 배출 확대로 이어졌다. 감정 폭발로 이어지자 뒤늦게 배달의 민족은 사과문을 냈고, 원래대로 돌아갔다. 괜히 기업 이미지만 타격을 받은 것이다. 이번 헛스윙 한방에 스스로 무너졌다.

이런 말이 있다.

"좋은 울타리가 좋은 이웃을 만든다."

정부는 경제 공동체의 생태계를 잘 운영하여 기업과 자영업자가 신뢰하는 좋은 울타리가 되도록 국가를 이끌어야 한다. 좋은 기업을 넘어 위대한 기업이란 어떤 것일까? 그것은 "자기만의 작은 시간이 아니라, 남과 내가 함께 사는 깊은 시간을 살아가는 것"이다.

위로 떨어져라

"더 좋은 것을 실천하는 것이 나쁜 것에 대한 최선의 비판"이라는 말이 있다. 인간의 욕심을 그대로 두면 악을 향해 질주한다. 악은 절대악을 낳는다. 지금 이 사회에 교만과 탐욕이 팽배한 것은 우리 모두의 책임이다. 이 상태가 되도록 우리가 그대로 용인하고 방관했기 때문이다.

이런 상황을 방지하기 위해서라도 우리에겐 각자 봐야 할 거울들이 있다. 하나는 '황홀한 거울'이다. 이 거울을 쳐다보는 순간 존재에 대한 경탄, 삶의 환희를 느낀다. 기쁨의 거울이고, 은혜의 거울이다. 황홀의 순간은 절대자 하나님을 만나야 경험한다. 인간을 의지하면 황당함만 나온다. 황당한 인생을 황홀함으로 바꾸는 것, 이것은 전적인 하나님의 은혜이다.

내가 날 때부터 주께 맡긴 바 되었고 모태에서 나올 때부터 주는 나의 하나님이 되셨나이다 _ 시 22:10

세상에 있는 자기 사람들을 사랑하시되 끝까지 사랑하시니라 _요 13:1

우리가 아직 죄인 되었을 때에 그리스도께서 우리를 위하여 죽으심으로 하나님께서 우리에 대한 자기의 사랑을 확증하셨느니라 _롬 5:8

또 하나의 거울은 '솔직한 거울'이다. 이 거울은 자신을 직면하게 한다. 직면하면 나를 점검하게 된다. 그러면 자신의 상태를 알게 된다. 거기서 회복이 시작된다. 어떤 이들은 두려워서 애써 외면한다. 솔직하지 못하다. 자신에게 정직하지 못하다. 그래서 외면을 직면으로 돌려세워야 한다.

이를 돌이킴이라고 한다. 돌아보면 돌아온다. 돌아오면 돌이키게 된다. 여기가 회개의 자리다.

정직한 자의 성실은 자기를 인도하거니와 _잠 11:3

그래서 이 두 거울을 보고 나면 마지막 거울이 기다리고 있다. 바로 '신의 거울'이다. 거기에 설 때 비로소 참된 인생의 의미를 발견하게 된다.

> 너희가 나를 알았더라면 내 아버지도 알았으리로다 이제부터는 너희가
> 그를 알았고 또 보았느니라 _요 14:7

타인의 고통을 내 아픔으로 느끼면 비로소 '신의 거울' 앞에 선 것
이다. 만일 나만 생각하는 이기적인 욕망이 있다면 다시 '솔직한 거
울'로 돌아가야 한다.

> 누구든지 말씀을 듣고 행하지 아니하면 그는 거울로 자기의 생긴 얼굴
> 을 보는 사람과 같아서 제 자신을 보고 가서 그 모습이 어떠했는지를
> 곧 잊어버리거니와 _약 1:23-24

은혜의 순서는 이렇다. 신의 거울을 통해 창조주 하나님을 뵙고,
솔직한 거울로 우리의 처지를 알고, 성령의 임재를 통해 황홀함을
맛보게 된다.

이세신궁을 아시나요?

일본 신도의 성지인 이세신궁!

이 궁을 20년에 한 번씩 완전히 새로 짓는다고 한다. 멀쩡한 건물을 부수고 아예 장소까지 옮겨서 새로 짓는다고 한다. 왜 이렇게 부수고 지을까? 일본인들이 생각하기에 그들이 전승해야 하는 것은 건물 그 자체가 아니라 건물을 짓는 기술이라고 생각하기 때문이다.

이세신궁을 부수고 다시 짓는 것은, 힘을 다해서 멋진 작품을 만들어 보여주는 동시에, 그 기술을 자신의 후손들에게 전수하기 위해서이다. 이런 생각도 아래가 아닌 위를 바라보기에 가능하다. 배달의 민족이 배다른 민족이 되지 않기 위해서는 이렇듯 외형만 키우는 것이 아니라 보이지 않는 기술, 즉 내면의 조형에 더 신경을 써야 한다.

수수료 올려 이익을 탐하지 말고, 사기를 올려 유익을 줬으면 좋겠다. 우리는 지금 최고의 기업보다는 최선의 기업을 더 원한다. '척한' 기업 말고, '착한' 기업을 사람들은 기대하고 있다. 그런 기업이 많이 생기기를 학수고대하고 있다.

존재하되 드러나지 않는다

인문 정신과 시대정신을 꿰뚫는 인문학자 김경집 교수의 책《죽으러 온 예수, 죽이러 온 예수》에서는 한 기업을 소개하고 있다.

'존재하되 드러내지 않는다'는 스웨덴의 발렌베리 가문, 5대에

개념으로 산다

걸쳐 150년이 넘는 시간 동안 기업 운영을 이어왔다. 이 기업은 한국 기업들처럼 무조건 자식에게 기업을 물려주지 않는다. 그들의 원칙은 '사회와 함께 하는 책임감'이다. 따라서 자식들에게는 어릴 때부터 공동체 의식을 가르친다. 겸손과 검소함을 평생 익히도록 한다.

그 가문의 아이들은 부의 세습을 당연하게 여기지 않는다. 오히려 검소하게 생활하며, 다른 이들과 함께 사는 삶을 배운다. 그 아이들은 대저택이 아니라 일반 시민들이 살아가는 집과 크게 다르지 않은 집에서 산다. 집안일도 스스로 해결하며, 형제자매의 옷을 물려 입는 것도 기본이다. 특권의식이나 물질 만능주의는 그들의 삶 속에 비집고 들어갈 수도 없다. 어떤 부정의 틈새도 없기 때문이다.

또, 후계자의 여건도 까다롭다. 지망자는 자신의 능력을 입증해야 하고 혼자 힘으로 명문대학을 졸업해야 하는데, 해군사관학교에 입학해 군 복무를 마치는 것이 불문율처럼 전해진다. 제대 후 세계 금융의 중심지에 진출하여 국제적 감각을 터득하고 흐름을 익힌다. 기본적인 준비 기간만도 최소한 10년 이상이다.

형제들아 무엇에든지 참되며 무엇에든지 경건하며 무엇에든지 옳으며 무엇에든지 정결하며 무엇이든지 사랑받을 만하며 무엇에든지 칭찬

받을 만하며 무슨 덕이 있든지 무슨 기림이 있든지 이것들을 생각하라

_빌 4:8

존재는 하는데 영…

한국 재벌 기업의 상황은 다르다. 존재하되 드러내지 않는 '발렌베리' 가문과는 거꾸로다. 존재는 하는데, 영 딴판으로 드러난다. 어린 나이에도 주식을 상속받고, 수백억 원의 재산을 갖기도 한다.

명문가 집안의 초등학교 6학년 여학생이 50대 운전기사에게 심한 말로 갑질을 했다. "똑바로 살라"고 했다. "그러니까 운전이나 한다"고 했다. 겸손과 검소함은 말할 것도 없고, 기본예절도 없다. 자기 외엔 눈에 뵈는 게 없나 보다.

이들에게 딱 맞는 노래를 소개하겠다. 걸그룹 '이엑스아이디'EXID가 부른 〈위아래〉이다. 이들은 세상을 이분법으로만 본다. 위와 아래다. 갑과 을의 관계다. 이런 의식구조로 보니 어찌 사람이 보이겠는가?

눈이 높은 것과 마음이 교만한 것과 악인이 형통한 것은 다 죄니라

_잠 21:4

개념으로 산다

갓뚜기

2008년, 라면 업계 1, 2위 기업이 라면값을 올리려 하자 3위인 오뚜기만 라면값을 동결했다. 서민들의 마음을 대변한 것이다. 그러자 오뚜기의 기업 가치가 상승했고, 라면 업계 1, 2위는 부랴부랴 동결에 동참했다. 그래서 국민은 동결된 가격으로 라면을 먹게 됐다.

오뚜기는 1,800여 명의 직원이 있지만, 단 한 명도 비정규직 직원이 없다. 이에는 오뚜기의 경영 철학이 담겼는데, "처음부터 정규직 사원을 뽑았을 뿐이다. 너무 주목받는 건 부담스럽다"라며 겸손한 태도를 보였다.

경희대 이동규 교수는 겸손에 대해 이렇게 말했다.

"겸손은 머리의 각도가 아니라 마음의 각도다."

국가의 자긍심과 신뢰의 대상이 되는 기준은 바로 '노블레스 오블리주'이다. 이것이 우리 모든 국민이 갖고 싶은 테마 '주株'이다.

'노블레스 오블리 주株'

이런 주株는 계속 올라야 한다. 상한가를 계속 쳐야 한다. 갓뚜기 기업만이 다른 기업과 차별화되었다. 불신에서 멀리 떨어졌고, 불의에서 멀리 떨어졌다. 다른 기업과는 이미 너무 크게 '위쪽으로 떨어졌다.'

대기업들의 추한 행동과 불미스러운 사건이 나올 때마다 이런 사실을 기억했으면 좋겠다. 과거 역사를 보면 거대 공룡은 살아남지 못했다는 사실이다. 한 마디로 멸종했다. 그러나 갓뚜기 같은 기업은 멸종이 아니라 '파종'으로 계속 이어질 것이다.

투명현상

최근에 재벌 가족들이 국민의 분노를 산 사건이 많았는데, 그중에 단연 탑Top은 '땅콩 회항 사건'이 아닐까 싶다. 이 사건 이후에도 딸과 아들, 어머니까지 모두 사생활의 민낯이 드러났다. 회사 이름 그대로 '칼' 같이 화내고, '칼' 같이 자르고, '칼' 같이 베어 버렸다.

이들은 집 밖에 나올 때 국민 시선을 피하고자 엄청난 양의 차단제를 바르고 다녀야 할 것 같다. 시선의 따가움이 자외선보다 훨씬 더 강하기 때문이다.

비행기 조종간을 잡고 하늘 높이 솟구치면 시야에서 보이는 것이 사라지는 현상이 있다. 이를 '투명현상'이라고 한다. 아마도 이 가족은 자신들만 높이 솟구쳐, 갑자기 시야에서 사람들이 보이지 않게 되었나 보다.

개념으로 산다

마리아 릴케는 이렇게 말했다.

"자질구레한 일들에 승리하면 스스로 자질구레한 존재라는 느낌이 남을 뿐이다."

이제 국민의 분노를 산만큼, 정신을 차려 경영도, 내실도 '투명'하게 하는 투명 경영을 했으면 한다. 그동안 보여줬던 낮은 의식이 아니라 높은 차원의 의식으로 상승하려면 그늘진 일을 많이 해야 하고, 건강한 자기 비판적 사고를 많이 거쳐야 한다. 그렇게 하려면 권위 의식을 떨어뜨려야 한다. 의식은 위로, 교만은 아래로 떨어뜨려야 한다.

인생에선 누구나 한 번쯤 추락한다. 그 추락에서 그대로 있으면 회복 불능이고, 다시금 위를 바라보고 일어서면 반드시 회복할 수 있다. 더 큰 그림을 그리며, 더 넓고 깊고 오묘한 세계로 떨어지자.

이왕 떨어질 거라면 '위쪽으로 떨어지자!!!'

 생각의 불

"괴물 중에 가장 대책 없는 괴물은
자기가 괴물이라는 것을 모르는 괴물이다."

– 사회학자 엄기호

개념으로 산다

인생 '꽝'에서 인생'광'으로

> "자기와 하는 일과 친해지기 위해 기본을 닦는 시간을
> 몰입의 시간이라고 한다."
> 진형준의 《상상력 혁명》 중에서

포기가 곧 몰입이다

2015년도가 시작될 때 나는 새로운 결심을 했다. TV 시청 포기다. TV 대신 책만 보기로 했다. 결심의 동기는 거창하지 않다. 내가 TV에 나오지 않기 때문이다.

더는 불러주는 곳이 없다. 실직이다. 퇴직금도 위로의 말도 없이 자연도태다. 어린 나이에 데뷔해서 20년 넘게 하고는 사라지게 되었다. 출연자에서 시청자로 환경이 바뀌었다. 잘나가는 후배들을 보면서 한없이 부러웠다. 그들은 수도꼭지다. 틀면 나온다.

최적 경험

2015년, 일간 신문에 한 분이 소개됐다. 66년간 제화 인생을 살아온 양근수 할아버지다. "천 리 길도 발이 편해야 간다"라는 제목으로 소개됐다. 이분의 삶을 들여다보자.

양근수 할아버지는 해방 무렵 초등학교를 졸업했다. 그때 나라는 혼란스럽고 힘들었다. 그래서 일찍 취업전선에 뛰어들었고, 양화점에 취직했다. 그는 매우 성실했다. 그의 성실함에 반한 양화점 주인이 중매를 섰고, 결혼해서 3남 3녀를 낳았다. 그중에 선생님도 있고 시청 공무원도 있고 선거관리위원회의 높은 자리에 있는 사람도 있다.

연세가 많이 들어서 자식들이 양화점을 그만두라고 해도, 양근수 할아버지는 단골이 꾸준히 오기 때문에 매일 가게 문을 열었다. 지금도 연로한 몸을 이끌고 매일 출퇴근한다. 올해 그의 나이 81세다. 그의 인생에 가장 중요한 것은 비가 오나, 눈이 오나 그 자리를 지키는 것이었다. 어떠한 상황이 와도 그는 자기 일을 묵묵히 했다. 그리고 자신이 늘 해오던 오직 그 한 가지에 집중했다. 이것을 최적 경험이라고 하고, 다른 말로 몰입沒入이라고 한다.

미하이 칙센트미하이는 자신의 책 《몰입, 미치도록 행복한 나를 만난다》에서 최적 경험에 대해 다음과 같이 말하고 있다.

개념으로 산다

"최적 경험이란, 의식이 질서 있게 구성되고, 또한 자아를 방어해야 하는 외적 위협이 없기에, 우리의 주의가 목표만을 위해서 자유롭게 사용될 때를 말한다. 이러한 상태를 몰입flow 경험이라고 한다."

다시 시작하는 힘, 독서

백수의 일과는 '오늘은 뭐 하지?'로 시작한다. 나는 극한 상황에서도 빛을 발하는 몰입 대신, 불평과 불만의 최적 경험을 누리고 있었다. 이때 내 몰입은 오직 하나, 신세 한탄 넋두리였다. 그 넋두리로더는 살고 싶지 않았다.

그래서 시작한 게 '독서'다. 불평의 넋두리를 끊는 강력한 저지선이 바로 '독서'였다. 책을 읽는 과정이 고통스러웠지만, 매일의 최적경험과 몰입을 경험하고 싶었다. 이때 시작한 독서는 재도약의 발화점이었고, 넋두리를 잠재우는 강력한 수면유도제였다.

독일의 문학자 마르틴 발저는 "사람은 자기가 읽은 것으로 만들어진다"라고 말했다.

추월이 아니라 초월

매일 책을 읽고, 스크랩하고, 읽은 것을 내 것으로 만들기 위해 노력하던 중 지인과 식사를 위해 대중식당을 찾았다. 불 위의 부대찌개가 펄펄 끓을 때쯤, 옆에 있던 손님이 '빵' 터졌다. 나도 고개를 돌렸다. 그 손님은 연신 웃으면서 텔레비전에서 시선을 떼지 못하고 있었다.

나도 그쪽으로 고개를 돌렸다. 텔레비전 화면에 후배 개그맨이 나왔다. 그래서 더 집중해서 몰입했다. 방송 중인 프로그램은 SBS에서 하는 〈글로벌 붕어빵〉이었다. 어린 아들과 함께 출연했고, 진행자와 대화를 이어가는 중이었다.

내용은 이렇다. 지인으로부터 정보들 듣고 주식이란 걸 시작했다. 고급정보라고 준 게 사실은 저질정보였다. "그러면 그렇지, 내가 그렇지" 하면서 불평의 넋두리를 하는데, 갑자기 아들이 방 안으로 들어와서는 "아빠! 이거 해, 이거"라고 말했단다. 아들은 어떤 종목을 보고는 손가락으로 가리켰다.

"이거, 이거야"

"생소한 종목인데, 이건 뭐지?" 하면서, 순간 이런 생각이 들었다고 했다.

"이건 신의 계시다."

개념으로 산다

그동안 돈을 계속 날렸는데, 이번엔 아들을 통해 이런 '싸인'을 준 거라고 생각했다. 그래서 아들이 찍어 준, 알지도 못하는 한 주식에 '몰빵'했다는 것이다.

그 후에 어떻게 됐느냐는 사회자의 질문에 그가 대답했다.

"그 종목은 다음날 대폭락했고, 결국 회사가 없어졌다."

이번엔 아들에게 사회자가 물었다.

"왜 그걸 아빠에게 찍어줬느냐?"

아들은 대답했다.

"나는 파란색이 너무 좋아요. 하늘처럼 좋아요. 그래서 파란색을 찍었어요."

함께한 출연자 모두는 이 말에 빵 터졌고, 이 방송을 보던 식당의 손님들 모두가 빵 터졌다. 세상에 이런 웃긴 개그맨은 처음이라는 반응이었다. 그가 투자한 주식은 폭락暴落했지만, 방송을 지켜보는 우리도 폭락暴樂했다. 사회자는 그 파란색이 뭐냐고 물었고, 후배 개그맨은 그 파란색은 '하한가'를 표시한 것이라고 했다.

라 로슈코프는 "늙은 우자愚者는 젊은 우자愚者보다 더 어리석은 법이다"라고 했다. 철없는 아이의 말을 '신의 계시'로 알아들은 후배는 시청자에게 웃음을 주었지만, 보고 있는 내내 뭔가 씁쓸한 뒷맛이 남았다.

철학으로 세계 최고가 되다

세계 금융 황제인 조지 소로스는 "철학적 사고를 통해 얻은 이론들을 현장에 적용한 결과, 주가가 오를 때나 내릴 때나 언제나 돈을 벌 수 있다"라고 말했다. 철학자가 되고 싶었던 소로스는 어린 시절부터 철학 고전을 읽었다. 제대로 이해할 수 없었지만, 꾸준한 독서를 통해 사고의 수준이 비약적으로 향상했다.

가난한 시절 닥치는 대로 일을 해야만 했던 그는 모든 불행은 돈이 없기 때문이라 결론을 내리고, 자본주의의 승자가 되겠다고 결심했다. 훗날 그는 결심대로 세계 금융계의 황제가 되어 고향인 영국으로 금의환향한다. 그는 자신의 성공 투자 비결을 한 마디로 이렇게 정의한다.

"결국, 철학 하는 것!!"

공자는 이렇게 말했다.

"배우기만 하고 생각하지 않으면 얻는 것이 없고, 생각하기만 하고 배우지 않으면 위태롭다."

개념으로 산다

고난의 용광로

   내 경험을 소개한다. 아는 형으로부터 후배를 소개받았다. 그 후배는 대학원에서 경제학을 전공했다. 국제회계사 시험을 보고 시험 결과를 기다리던 중, 여의도에 있는 개인 주식연구소에서 잠깐 일을 하고 있었다.

   이 개인 주식연구소의 대표는 해군 대령 출신인데, 탁월한 분석으로 나름 소문이 났다고 했다. 주식의 '숨은 고수'라고 자랑을 했다. 후배는 국제회계사 시험에 떨어졌고, 지금은 개인 주식연구소에서 당분간 일할 거라고 했다. 그는 조지 소로스처럼 주식의 금융 황제가 되고 싶다고 했다. 그 주식 고수가 찍어 준 종목을 샀는데, 금방 3배가 넘는 수익을 남겼다고 했다.

   이 말을 듣고, 귀가 얇은 나는 주식의 '주'자도 모르면서 천만 원이라는 큰돈을 송금했다. 며칠 사이 내게도 수익이 조금씩 통장에 들어왔다. 지금 방송 출연도 없는데, 후배와의 만남은 신의 계시라고 생각했다.

   얼마 후 후배는 대박 좋은 정보가 있다고 했다. 대기업에 휴대폰 부품을 납품하는 계열회사가 곧 상장하는데, 자기 어머니도 이 주식에 10억이 넘는 돈을 투자했다고 했다. 곧 상장되면 몇 배의 수익이 날 거니까 투자를 해보라고 권유했다.

더 얇아진 내 귀에는 그의 말이 진리처럼 여겨졌다. 그의 말은 꿈의 직구가 되어 내 가슴에 그대로 기쁨의 스트라이크로 꽂혔다. 나는 그동안 모아 둔 돈을 찾아 몇 천만 원을 송금했다. 그리고 주식배당증서 한 장을 받았다. 나는 그것을 모세의 두 개의 돌판 중 하나로 생각했다.

그리고 간절히 기도했다. "하나님, 딱 두 배만 부탁드립니다." 참 겸손한 기도라고 생각했다. 후배는 몇 배의 수익이 난다고 했지만, 그래도 처음인지라 욕심을 내려놓기로 했다. 겸손한 자는 복을 받으리라 생각하면서 말이다.

'신의 계시'에서 '신이 계시냐?'로

시간이 많이 지났는데도 그 회사의 상장 소식이 없었다. 그래서 후배와 함께 여의도 사무실을 찾았다. 사무실은 굳게 닫혀 있었다. 며칠째 말이다. 그리고 뒤늦게 알았다. 주식 고수라는 해군 대령 출신의 대표는 우리에게 거짓 정보를 주고는 돈을 챙겨 잠적했다. 그 후로 지금까지 소식을 모른다. 오랫동안 잠수를 한 거다. 해군 출신이라 그랬나 보다.

그는 해군 대령이 아니라 사기 치는 유령이었다. 우리는 '묻지 마' 주식을 샀고, 그 종이는 아무 가치도 없는 휴지가 됐다. '붕어빵' 프로그램에 나왔던 철없는 후배, 그와 내 삶이 붕어빵처럼 닮았다.

이때부터 '신의 계시'라는 생각은 '신이 계시냐?'로 바뀌었다. '기대감'으로 불타오르던 밤이 '기죽음'의 불면의 밤이 됐다. 이때부터 난 주식을 완전히 멀리했다. 그리고 이를 잊기라도 하듯 다시 책을 잡았다.

벤자민 프랭클린의 말이 예수님의 말씀처럼 들렸다.

> "사람은 과거에 있었던 한 토막의 고통으로 인해 새로운 날을 허비해서는 안 된다."

'잃지' 말고 '읽자'

잃고 나서야 비로소 알게 되었다. 내가 한 행동은 투자가 아닌 투기에 가까운 무모한 시도였다는 것을. 투자와 투기는 천국과 지옥의 차이이다. 철학적으로 공부하고 분석하는 것이 투자이고, 유령정보에 혹하는 게 투기이다. 몰입하면서 알아가는 게 투자이고, 몰빵 하면서 한 방을 노리는 게 투기이다.

이지성의 책 《리딩으로 리딩하라》에서는 시대 상황을 분석하고 정확한 경제의 흐름을 배우는 게 왜 중요한지 말해주고 있다.

"경제학을 제대로 공부하려면 철학 고전에 정통해야 한다. 두뇌 속에 철학 하는 세포를 갖지 않으면 보아도 보지 못하고, 들어도 듣지 못한다. 따라서 철학 하는 세포가 없는 두뇌는 철학 하는 세포를 가진 두뇌를 이길 수 없다."

인생 꽝에서 인생 광光으로

IMF

누구나 힘들었던 현대판 보릿고개, 고비사막 같은 괴롭고 힘든 시간, 경제에 관한 책을 읽으면서 왜 한국이 이런 위기를 당할 수밖에 없는지를 알게 되었다.

경제학자 케인스는 세계은행과 IMF국제통화기금를 설립한 사람이다. 케인스는 〈인구론〉의 저자 토머스 맬서스의 열광적인 신봉자였다. 맬서스의 이론은 "식량은 산술급수적으로 증가하는데, 인구는 기하급수적으로 증가한다. 그래서 식량이 늘 부족하다. 그래서 전쟁이나 전염병을 일으켜서라도 인구를 억제해야 한다. 잉여 인간들을 반드시 없애야 한다"라는 것이다.

케인스는 황인종 수를 줄여야 한다는 '황화론'과 인종청소의 이론적 근거인 '우생학'의 신봉자였다. IMF가 그 설립자인 케인스의 절

개념으로 산다

대적인 영향 아래 있는 것은 너무도 당연한 일이다. 그래서 IMF 사태외환위기 때 한국과 아시아는 엄청난 고통을 겪어야 했다. IMF가 유럽에는 관대하게 대하고, 아시아는 혹독하게 밀어붙였기 때문이다.

그때 만약 이런 내용을 정확히 꿰뚫고 있었다면 IMF의 뜻대로만 흘러가지는 않았을 것이고, 우리나라와 국민은 엄청난 금융위기에서 더 빨리 벗어날 수 있었을 것이다. 갑자기 오는 폭풍을 피할 수는 없다. 그러나 폭풍을 대비할 수는 있다.

하버드 대학교 조지 산타아나 교수는 이렇게 말했다.

"과거를 기억하지 못하는 자는 과거를 반복하는 운명에 처한다."

이제는 '묻지 마' 말고 '묻자'

한 달에 월급만 13번 받는 '관점 디자이너' 박용후는 이렇게 말했다.

"당연한 것을 당연하게 생각하지 말라."
"보는 것과 아는 것은 전혀 다르다."
"없는 것인가? 못 본 것인가?"

그는 당연함을 부정하고, 모든 것이 마땅하다고 받아들이는 것을 다시 생각하라고 힘주어 말했다.

한 대기업 회장의 말이 떠오른다.

　　"마누라 빼고 다 바꿔!"

이 사건 이후 절대 진리인 예수님 빼고 다 바꾸고, 다시 생각하기로 했다. 알지도 못하면서, 심지어 묻지도 않고 '몰빵' 한 그 용기는 어디서 났는지, 웃기는 인생이 우스운 인생이 되었다.

로마에 가면 로마의 법을 따르는 것처럼, 이제 복음 안에 들어왔으니 성경의 법을 철저히 따라서 인생 '꽝'에서 인생 '광'光으로 변해야겠다. .

🔥 생각의 불

오직 여호와의 율법을 즐거워하여 그의 율법을 주야로 묵상하는도다

_시 1:2

개념으로 산다

인생을 낭비한 죄

"살인죄로는 무죄일지 모르지만,
너는 인생을 낭비한 죄를 면할 수 없다.
빠삐용은 돌아서면서 나지막이 고백한다.
"나는 유죄다."

– 영화 <빠삐용> 중에서

인생을 낭비한 죄!!!

살인죄의 누명을 쓰고 무인도에 갇히게 된 주인공이 밤에 환상을 본다. 재판관들은 빠삐용에게 인생을 낭비한 죄를 면할 수 없다고 했다. 빠삐용은 억울하다고 말하지만, 재판장의 단호하고 엄숙한 선언에 고개를 숙였다.

이 짧은 글을 읽으면서 나는 눈물이 났다. 내가 살아온 인생의 대부분을 '나' 중심으로 살았기 때문이다. 한마디로 이기적인 욕망의 시간을 보낸 것이다. 내 기쁨, 내 만족, 내 위로, 내 행복, 내 시간, 내 집, 내 마음, 내 차, 내 옷을 얻기 위해 삶을 산 것이다. 내게 들어온 '너'는 허락 없이 들어온 불청객이었다. 쫓아낼 수밖에 없다. 내 공간을 너에게 내어줄 수 없기 때문이다.

진리와 사랑을 좇아 이웃에 덕과 선을 행하고, 가족 앞에서 바른 삶의 본을 보여야 하는데도 불구하고 탐욕과 사리사욕을 좇아 이웃에 폐를 끼치고, 가족 앞에서 부끄러운 삶을 보인 것은 얼마나 큰 차이를 보이는가?

영원히 돌아올 수 없는 과거를 자책하고, 후회하고 있을 때 탐욕에 물든 내 모습을 바라보게 하는 설교를 듣게 되었다.

다음은 이재철 목사의 설교에 나오는 예화이다.

"오래전에 잠시 살던 아파트에서 있었던 일이다. 그 아파트 화장실의 하수관은 벽 외부로 돌출되어 있는데, 노후한 하수관 전부를 아파트 전체가 동시에 교체하게 되었다. 돌출해 있던 하수관을 일거에 제거하자, 집집마다 화장실 바닥과 천장에 구멍이 뻥 뚫려 서로 통하게 되었다. 그로 인해 갑자기 온 아파트에 쥐가 들끓게 되었다. 당시 아파트 지하에 한식당이 있어 그 식당 주방 하수구에 서식하던 쥐들이 화장실에 뚫린 구멍을 따라, 온 아파트를 누비고 다니는 것이었다. 어쩔 수 없이 집안 곳곳에 쇠고기 미끼를 붙인 끈끈이 판을 설치하였다.

그리고 한밤중에 화장실의 문을 열고 불을 켰다. 커다란 쥐 한 마리가 끈끈이 판 중간에 들러붙어 있었다. 쥐가 끈끈이 판에 붙어있다는 것은 곧 죽었다는 의미이다. 그런데 그 최후의 순간에 쥐가 대체 무엇을 하고 있었는지 아는가? 아무 일도 없다는 듯, 끈끈이 판에 붙어있는 쇠고기 미끼를 한가로이 뜯어먹고 있었다. 그것은 쥐가 자기 죽음을 전혀 인식하지 못하고 있음을 말한다. 쥐가 끈끈이 판에 있다는 것은 곧 쥐 자신의 죽음의 위기다. 그런데도 쥐는 모르는 것이다. 자기 죽음을 자각했다면 끈끈이 판에서 벗어나기 위해 사력을 다하든지, 아니면 동료에게 도움을 청해야 했다. 그 위에서 그렇게 태연하게 미끼를 먹고 있는 쥐는 곧 탐욕에 물든 인간의 메타포다."

끈끈이 판에 붙어있던 쇠고기 미끼를 먹고 있는 쥐는 바로 '나'였다. 삶에서 중요한 가치와 원칙은 뒤로하고, 당장 눈앞에 보이는 쾌락이라는 미끼에만 정신이 팔린 한 마리 쥐였다.

미시적인 시력으로는 거시적인 목표와 계획이 흐리게 보인다. 그런 삶은 밑 빠진 독에 물 붓는 인생이다. 인생에서 가장 큰 죄인 '인생을 낭비한 죄'는 무엇인가? 원칙과 계획 없이, 영원히 살 것처럼 사는 것이 가장 큰 죄이다. 또 우리 곁에 있는 사람을 사랑하지 못한 것이 큰 죄가 아닐까?

신은 인간에게 사랑을 베풀 수 있는 우물을 하나씩 주었다. 이 우물은 남을 위해 사용하면 계속 물이 나온다. 그러나 자신의 욕망만을 위해 사용하면 물은 금방 고갈된다. 나만을 돌보느라 타인에게 눈길 한 번 준 적 없는 인생, 나는 끈끈이 판에서 쇠고기를 먹고 있는 쥐였다. '너'는 잊고 '나'만을 생각하는 한 마리 쥐였다.

인생을 후회한 죄

미국 매체 '버즈피드'의 2013년 조사 결과인 〈나이 들면 후회하는 37가지〉에는 이런 내용이 나온다.

- 기회가 왔을 때 여행하지 않은 것
- 외국어를 배우지 않았던 것
- 운동을 열심히 하지 않았던 것
- 끔찍하게 싫은 직업을 그만두지 않은 것
- 학교에서 더 열심히 공부하지 않은 것
- 당신이 얼마나 아름다웠는지 모르는 것
- 사랑한다고 말하지 못한 것
- 부모님의 충고를 듣지 않은 것

▌원한을 품고 사는 것

▌충분히 봉사하지 않았던 것

▌시작한 것을 끝마치지 못한 것

▌좀 더 빨리 감사하지 않았던 것

▌책을 많이 못 읽은 것

나이 들어 후회하기 전에 계획을 세워, 꼭 해야 할 일들을 해보는 것은 굉장히 의미 있는 일이다. 그중에 가장 중요한 것은 사랑할 사람을 더 많이 사랑하는 것이 아닐까? 평생 곁에 있는 사람에게 가장 후회할 일은 무엇일까? 그것은 '사랑한다'고 말이라도 하지 못한 것이다.

이런 말이 있다. "'사랑해'의 반대말은 '사랑했다'이다." 그래서 있을 때 잘해야 한다. 시간은 결코 인간을 기다리지 않는다. 후회와 반성을 통해 사람은 돌이키게 되고, 자신이 가던 자리에서 잘못을 알고 되돌아오게 된다. 이것을 '회개'라고 한다. 회개는 신을 만나는 지점이다. 그 지점이 바로 은혜의 생장점이 터지는 지점이다.

토마스 브룩스는 회개를 '영혼의 구토'라고 했다. 영혼을 더럽힌 모든 것을 토악질해야 한다. 그것을 매 순간 해야 하는 고통을 알아야 한다. 후회와 반성은 회개를 위한 전초기지이다. 회개까지 나아간다면 이제는 나보다 남을 위한 '거룩한 낭비'를 위한 준비를 하게 된다.

신학자 달라스 윌라드는 후회한다는 것에 대해 이렇게 말했다.

"시간을 허비해서 후회한다는 것은 자기보다 더 부지런히 사는 사람과 비교해서가 아니라, 자신이 살지 못했던 인생을 보았기 때문이다."

우리가 후회하는 인생이라고 해도 그런 우리를 여전히 사랑하시는 한 분이 계심을 믿어야 한다. 바로 주 예수 그리스도이다. 그분에게 붙어있다면 지금까지 살아왔던 모든 삶도 새롭게 거듭나게 될 것이다. 우리의 생명 유지는 바로 '붙어 생존 원리'이다.

《그리스인 조르바》에는 이런 내용이 나온다.

'자연과의 탯줄을 끊지 않은 사람'

이 말을 신앙인인 우리에게 적용하면 다음과 같다.

'예수와의 탯줄을 끊지 않은 사람'

성령님 덕분에 우리는 예수와의 영적 탯줄이 절대 끊어지지 않을

개념으로 산다

것이다. 우리가 돌아오기를 거부하지만 않는다면 말이다. 인생을 후회하기 전에 빨리 돌아오자.

아무것도 하지 않은 죄

이우근의 책《불신앙의 고백》에서는 일제강점기의 실화를 전하고 있다. 일제강점기에 수많은 애국지사가 독립운동을 하다가 감옥에 갇힌다. 엄청난 고초와 고문을 겪는다. 그 가운데 독립운동에는 참여한 일도 없는 한 사람이 끼어있었다. 그는 자신이 옥에 갇힌 것이 억울하다면서 간수를 향해 소리를 지른다.

"나는 아무 일도 하지 않았다."
"나는 아무 일도 하지 않았으니 제발 꺼내 주시오."
이때 독립운동가 한 사람이 조용히 말했다.
"당신이 아무것도 하지 않은 그것이 잘못된 것이오. 당신이 아무 일도 안 했다는 것만으로도 당신은 벌을 받아 마땅하다. 일제의 침략이 30년 이상 계속되는 동안 수많은 동족이 무참히 피를 흘리고 엄청난 굴욕 속에서 고통을 받고 있는데도 당신은 어떻게 아무 일도 하지 않을 수 있단 말인가?"

사람은 자신만 생각하면 세상에 관심이 없다. 내 가족, 내 이웃, 내 민족, 내 국가, 세계의 아픔을 외면한다. 무관심은 우리 사회의 가장 무서운 적敵이다.

생각하지 않은 죄

그렇다면 나는 어떻게 살아야 하는가?
폴 발레리는 이렇게 말했다.

> "인간은 생각한 대로 살지 않으면 사는 대로 생각하게 된다."

결국 생각의 차이가 일류냐, 하류냐를 결정한다. 지금까지 살아온 낭비를 버리고 새롭게 태어나는 것은 생각의 고수가 되는 것이다. 생각의 '고수'는 '수고'한 자만이 취할 수 있는 영광의 면류관이다. 생각하지 않던 '낭비'의 삶에서 생각의 고수인 '랍비'의 삶으로 갈아타게 된다.

생각의 고수 한 분을 소개한다. 경동교회를 건축한 건축가 김수근 선생이다. 경동교회는 특이하게 위층으로 올라가는 계단을 돌아서 문에 이르도록 설계했다. 교회에 바로 들어오기 전에 세상의 생각을 버리고 차분하게 신성을 맞이하라는 뜻이다. 생각의 고수는 신성을

개념으로 산다

맞이해 일상을 살아내는 것이다.

거룩한 낭비*

선교사의 늪이라고 하는 일본에서 있었던 일이다. 한국의 김승범 선교사 이야기다. 그는 한국에서 의대를 졸업하고 동경대 대학원 의학부로 유학 가서 박사학위를 취득했다. 전문의 자격증을 취득하고 한국으로 귀국을 준비하는 중에, 하나님으로부터 일본 복음화를 위해 헌신하라는 소명을 받았다.

그는 동경대 의대 교수를 지낸 후에 개인 병원을 열었다. 나름 잘 나가던 때에 가까운 지인의 보증을 섰다가 낭패를 보았다. 한국으로 돌아와도 아무런 문제가 되지 않는데도 불구하고 그는 일본에 그대로 남아 6년간 그 빚을 다 갚았다. 하나님으로부터 일본에 남으라는 메시지를 받았기 때문이다.

일본에 있던 중, 일본에 거대한 쓰나미가 와서 일본 동부지역이 초토화되었다. 방사능의 오염의 두려움으로 한국인들은 급거 귀국했다. 일부 선교사들도 상황이 상황인지라 귀국했고, 이 때문에 일본의 기독교인들은 상처를 받았다. 그런데 김 선교사는 그곳을 떠나지

---

* 《질주를 멈추고 동행》에서 발췌

않았다. 자신에게 맡겨준 양들을 버릴 수 없었기 때문이다. 그는 거기서 사명을 위해 모든 힘과 시간을 다 쓴 것이다.

한 인터뷰에서 그는 이렇게 말하고 있다.

"방사능 때문에 위험했을 텐데요?"

"예, 방사능 물질이 몸에 쌓여도 30년 뒤에나 증상이 나타난다고 하는데, 그때는 제가 죽어도 좋은 나이 아닌가요?"

그는 편안한 삶이 아닌 '주 안에서의 평안'을 택했다. 주님을 따르던 제자들과 사람들은 주님을 배반하고 떠났지만, 주님은 그들을 위해 다시 찾아와 회복시켜 주셨다. 이 크고 놀라운 사랑 때문에 김 선교사도 자신의 자리를 떠나지 않았다. 이 자리가 바로 은혜의 자리, 맡겨진 자리, 책임져야 할 자리였기 때문이다.

이 일은 쓰나미보다 더 큰 사랑이 김 선교사의 영혼 속에 자리 잡고 있었기에 가능했다. 거룩한 낭비는 바로 주님의 사랑을 입은 자에게서만 나오는 은혜의 보답이다. 김 선교사는 주님의 사랑을 입은 '전리품'이었다.

개념으로 산다

다시 생각하는 힘

　나는 방송에서 사라진 개그 퇴역 군인이라 할 수 있다. 더는 개그 전선에 나갈 수 없다. 내 육체는 늙음을 향해 달려가고, 내 못 이룬 꿈과 비전은 아직도 따라오지 못하고 있다.

　한 번뿐인 인생을 어찌해야 하는가? 그렇다. 다시 책을 집어 들었다. 내 몸은 노쇠해도 영적 독서를 통해 정신의 노쇠는 막을 수 있을 것이다. 다시 책을 읽으며 영혼의 둘레길을 걷다 보면 내면에서 울리는 신의 소리와 소명을 발견하게 될 것이다.

　주님의 소명을 이루기에 너무 늦은 나이는 없다. 이 깨달음을 통해 나를 바꾸고, 지금까지 인생을 낭비했던 죄도 면할 것이다. 이 통찰은 영혼을 깨우는 알람시계가 되고, 내 영혼을 지키는 영혼의 파수꾼이 될 것이다.

　《권학문》에서 왕안석은 이렇게 말했다.

　　"글을 읽는 것은 낭비하는 것이 아니라 만 배나 되는 이익을 준다."

　만 배가 아니라 두 배만이라도 이익이 온다면 당장 시작해 볼 만한 도전이 아닌가? 게다가 과거의 인생은 시간을 낭비한 죄로 유죄

판결이었지만, 다시 시작하는 현재는 거룩한 시간의 낭비로 무죄판결이 된다면 이 얼마나 기쁜 일인가? 우리는 내 시간 안에 있으면 유죄지만, 주님 시간 안에 있으면 무죄다. 그것도 영원히 말이다.

 생각의 불

"우리가 이 세상을 살아가면서 잊지 말고 생각할 것은,
'형식은 슬픔이지만 내용은 행복'이라는 것이다.
이것을 반드시 기억하라."

개념으로 산다

킬러 콘텐츠

"혁신은 개선이 아니라 모든 걸 바꾸는 것이다."

A.I. 말고 좀 놀았던 I

킬러 콘텐츠

요즘 '킬러 콘텐츠'라는 말이 등장했다. 킬러 콘텐츠란 미디어 시장의 판도를 재편할 만큼의 영향력을 지닌 매력적인 핵심 콘텐츠를 말한다.* 킬러 콘텐츠는 경쟁 콘텐츠보다 우위를 차지하면서 다른 콘텐츠들을 선도하고, 미디어가 폭발적으로 성장하는 계기가 되기도 한다. "미래 산업을 이끌어 갈 신성장 동력을 가졌는가?"라고 할 때 이 단어를 쓴다.

정리해서 말하면 다음과 같다.

---

* 네이버, 지식백과

핵심이고, 전략이고, 쟁점이 부각 되는 것!!

즉, **'핵! 전! 쟁!'**이다.

그만큼 가공할 위력과 엄청난 파워를 가진 것을 말한다. 사람에게 대입하면 '필살기'라고 할 수 있다.

'살리는' 킬러 콘텐츠

나이가 들어서도 여전히 노익장을 과시하는 송해 선생님! 이 시대에 가장 닮고 싶은 나의 '롤 모델'이다. 송 선생님에게 따라다니는 수식어는 다음과 같다.

- '지금까지 일할 수 있는 건강한 몸'
- '후배들의 배경이 아닌 풍경이 되어주는 삶'
- '국민 예능인'

전철을 타고 다니는 서민적이고 친근한 모습. 여전히 구수한 입담. 무대에서의 출발은 조연이었지만, 지금은 당당히 주연으로 활동하는 현역 최장수 연예인이다. 송해 선생의 인생 최고 '킬러 콘텐츠'는 무엇일까? 바로 '낙관성'이다.

개념으로 산다

《행복의 품격》이란 책에서 송해 선생의 과거를 다음과 같이 소개하고 있다.

송해 선생은 6.25때 북에 있는 가족과 생이별해야 했다. 또 사랑하는 외아들을 오토바이 사고로 먼저 떠나보내는 불운이 있었다. 아내가 몰래 사준 오토바이는 부숴버렸는데, 두 번째 사준 오토바이를 타다 사고로 죽었다.

비극적인 사건이 일어나는 것을 원천적으로 막을 수는 없었다. 그러나 이미 일어난 비극이 또 다른 비극을 낳는 것을 막을 수 있다. 송해 선생은 결코 아내를 미워하지 않았다. 북에 두고 온 어머니가 자식인 자신을 잃었을 때의 심정과 외아들을 잃은 아내의 심정이 같다는 것을 온몸으로 느꼈기 때문이다.

원망과 불평이 아니라 아내를 향한 안쓰러움과 고마움이 교차하면서 세상의 풍파를 이겨내려고 노력했다. 실향민으로 남한에 내려와 아무런 연고도 없이 가난하게 살았고, 평생 인연으로 아내를 만났지만 결혼식도 못한 채 아내와 63년을 살았다. 송 선생이 90세가 되어 기념으로 아내를 위한 결혼식을 특별히 계획했다.

송해 선생은 아내를 위해 이렇게 말했다.

"평생을 갚아도 모자랄 만큼 빚을 지고 살아왔소."

송해 선생이 가장 힘들었을 때는 외아들이 오토바이 사고로 죽었을 때라고 한다. 이때 선생은 자살을 기도했다고 한다. 그의 낙관성은 선천적으로 부여받은 것이 결코 아니다. 외아들을 먼저 보내야만 했던 이런 혹독한 과정을 겪으면서 나의 고통을 통해 다른 이들의 고통까지도 헤아리게 된 것이다. 이런 과정을 통해서 지금의 낙관성이 더욱 굳어진 것이다.

남달라 송해

한 번은 송해 선생이 아침 방송에 나왔다. 방송 콘셉트는 '고민을 들어보는 시간'이었다. 60대, 70대, 80대의 다양한 나이대의 연예인들이 함께 출연했다. 그리고 90대를 대표해서 송해 선생이 나왔다.

현재 가장 고민이 되는 것이 무엇인지 사회자가 물었다.

60대 출연 연예인은?

"옛날 같았으면 죽었을 나이죠."

70대 출연 연예인은?

"방송국에서 배역을 안 줄까 봐 걱정이야."

80대 출연 연예인은?

"주변에 친구들이 없어, 그래서 갈 곳이 없어."

90대 송해 선생은 이 질문에 이렇게 말했다.

개념으로 산다

"나는 희망이 있어!"

"지금부터 내 마음에 있는 것을 다 해보고 싶어, 지금 이게 고민이야!"

이것이 바로 송해 선생의 낙관성이다. 뭔가 다르지 않은가?

낙관성을 정의하면 다음과 같다.

"살아가면서 후회를 최소화할 수 있는 최고의 전략이 바로 '낙관성'이다."

아리송해, 아니 '송해!!!'

송해 선생의 킬러 콘텐츠는 바로 '낙관성'이다.

미국 하버드 심리학회에서 '낙관성'을 이렇게 말했다.

"좋은 일은 최대로, 안 좋은 일은 최소로."

마음의 고통은 자기가 알고 마음의 즐거움은 타인이 참여하지 못하느니라 _잠 14:10

낙관은 한자로 낙관樂觀으로 쓴다. 여기에 볼 관觀이란 글자가 있다.

즉 관점이다. 어떤 프레임으로 보느냐 하는 것이다.

상대성이론을 발표한 아인슈타인은 관점에 대해 이렇게 말했다.

"세상을 보는 관점에는 두 가지가 있다. 하나는 기적이 없다고 생각하며 사는 것이고, 다른 하나는 모든 것이 기적이라고 생각하며 사는 것이다."

낙관성은 결코 유전으로 얻어지는 게 아니다. 낙관은 세상에 대한 달관이며, 세상에 대한 초월이다. 이런 상태를 우리는 신의 경지에 올랐다고 말한다.

신앙의 킬러 콘텐츠 '광야'

기독교인이 꼭 통과해야 할 필수 코스가 있다. 바로 고난의 학교인 '광야'다. 광야는 인생의 비관적인 삶을 낙관적인 삶으로 바꾸는 개조센터다. 신앙인이라면 꼭 한 번 거쳐야 할 순례길이다.

광야를 통과하면 삶의 목적이 바뀐다. '이곳'이 전부가 아니라는 것을 알고, '저곳'을 동경하게 된다. '나'의 행복이 아니라 '나와 너'의 행복을 지향하게 된다.

광야는 육의 모습을 영적인 모습으로 바꾸는 성형외과다. 광야를

개념으로 산다

통과해 하나님의 사람으로 바뀐 성경의 인물이 있다. 구약의 모세와 신약의 바울이다. 모세는 이집트에서의 40년과 하나님을 만난 후의 40년이 달랐다. 또 바울은 다메섹에서 예수를 만나기 전과 후가 확연히 달라졌다.

성도의 킬러 콘텐츠 '나그네'

세상을 어떻게 바라보느냐에 따라 두 종류의 사람이 있다. 세상을 '광야'로 생각하는 사람이 있다. 이런 사람은 광야를 삶의 훈련장으로 생각해 감사하고 감격한다. 그에게는 내 뜻보다 하나님의 뜻이 중요하다.

세상을 '산'으로 생각하는 사람도 있다. 그래서 세상을 정복하기 위해 열심히 노력한다. 그에게는 전적으로 내 뜻만이 중요하다. 철저히 내가 중요하다. 당신은 어느 쪽인가?

성경은 이 땅에서의 삶을 나그네 정신으로 살라고 말한다. 이 땅에서의 삶이 전부가 아니라는 것이다. 이런 마음을 가진 사람만이 내 소유를 과감히 내놓을 수 있다. 소유는 절대 가치가 아니기 때문이다. 진짜 가치는 소유가 아니라 소속이기 때문이다.

내가 어디에 속해있는가? 이것을 깨닫게 해주는 곳이 바로 광야다. 그래서 광야는 나를 단련하게 하는 용광로다. 광야의 길은 탄탄

대로가 아니라 삶의 가치를 바꾸는 용광로다.

광야에서 '나'는 없다. 나는 완전한 제로 상태가 된다. 나의 불가능을 처절하게 느낀다. 그리고 하늘만 바라보게 된다. 바로 그때가 하나님이 일하시는 때다. 내 가능성이 제로가 될 때 하나님이 일하신다.

성경의 킬러 콘텐츠는 '2형식'이다

이런 말이 있다. 세상의 성공은 2형식이다. 즉 '내가 해냈다'이다. 성경도 마찬가지로 2형식이다. '하나님이 하셨다'이다. 따라서 우리 신앙인의 킬러 콘텐츠는 뭘까? '하나님이 하셨다'이다.

성경 인물 중 요셉을 보자. 그의 인생은 이해할 수 없는 함정의 인생이다. 형제의 함정에 빠져 구덩이에 들어가고, 노예로 팔려 가고, 마침내는 감옥의 함정에 빠진다. 요셉의 이해할 수 없는 인생 과정이 '광야'였다.

그러나 그때마다 하나님이 일하셨다. 그를 사용하여 이스라엘 민족을 위한 미래를 준비하셨다. 성경은 요셉이 총리가 되는 과정을 기록한 '성공' 스토리가 아니라, 하나님이 전적으로 일하시는 '구원' 스토리다.

그래서 기독교는 성공이 축복이 아니라, 고난이 축복인 거다. 하나님께서 인생의 광야廣野를 통해 반드시 광야光野로 만드시기 때문이다.

세상이 줄 수 없는 최고의 낙관樂觀

세상이 말하는 '낙관'도 예수님 부활의 기쁨을 줄 수 없다.

> 내가 이것을 너희에게 이름은 내 기쁨이 너희 안에 있어 너희 기쁨을
> 충만하게 하려 함이라 _요 15:11

기독교 신앙의 최고의 낙관성은 바로 부활 생명이다. 주님은 우리를 성령으로 인印처 주시고, 영원한 생명책에 예수 이름으로 낙관落款*을 찍어 주셨다. 영원한 보증이 되어 주셨다. 우리가 이미 천국 백성이 되었다고 선언해주신다. 더 무엇이 필요한가? 최고의 '낙관樂觀성' 이다. 이 기쁨과 감격을 빼앗을 자 아무도 없다.

---

* 글씨나 그림 따위에 작가가 자신의 이름이나 호號를 쓰고 도장을 찍는 일. 또는 그 도장이나 그 도장이 찍힌 것.

자네 이런 친구를 가졌는가?

내가 학교에 다닐 때의 경험이다. 나는 낙관성이 제로다. 오히려 불만이 많고 비관성이 풀full인 사람이다. 한 번은 모의시험을 보는데 볼펜이 떨어졌다. 그 순간 "아…. 이번 시험 떨어지겠다"라고 말했다. 내 곁에 있던 친구는 볼펜을 주워서 다시 떨어뜨리면서 "너는 안 떨어질 거야. 볼펜이 바닥에 딱 붙었잖아"라고 말했다.

송해 선생을 통해 배운 것이 무엇인가? 지나온 삶을 자책하거나 후회하지 않는 낙관적 태도가 삶의 무기가 될 수 있고, 이것이 진정한 '킬러 콘텐츠'라는 것이다.

한 철학자는 이렇게 말했다. "최고의 삶의 무기는 후회하지 않는 것이 아니라, 점진적으로 후회를 줄이는 것"이라고 말이다.

'죽이는' 킬러 콘텐츠

살리는 콘텐츠가 아니라, 영혼을 죽이는 Killer 콘텐츠를 소개하고자 한다. 라이언 홀리데이의 책 《스틸니스》는 골프 황제 타이거 우즈의 삶에 대해 말하고 있다. 긴 내용을 알기 쉽게 정리하면 다음과 같다.

개념으로 산다

한계에 도전하다.

2008년 U.S 오픈에서 타이거 우즈는 마지막 홀 버디를 잡으며 연장에 들어갔고, 접전 끝에 세 번째 U.S 오픈 우승이자 14번째 메이저 대회 우승을 차지했다. 그는 부상이 있었음에도 경기에 집중할 뿐, 전혀 내색하지 않았다.

경기 후 그는 검사를 통해 무릎 관절이 거의 없다는 사실을 알았다. 이처럼 아픈 상황에서도 초인적인 정신력과 절제력을 발휘하여 일군 우승이라 더욱더 많은 관심과 영광을 누렸다.

한계 상황까지 오다.

경기 후 수술을 하고 재활을 하던 중, 한 호텔 방에서 내연녀와 함께 있던 모습이 발견되었고, 아내에게 거짓말로 상황을 피하려다 아내가 격분, 타이거 우즈는 차를 타고 급하게 도망치다가 집 앞 소화전을 들이받고 그 자리에서 의식을 잃었다. 그 후 그의 불륜 행각이 언론에 그대로 노출되었고, 결국 아내와 이혼을 하게 되면서 엄청난 위자료와 함께 그의 삶은 부서졌다.

킬러 콘텐츠 '재능'

시속 129마일의 스윙에서도 제동을 걸 수 있는 절제력과 재능을 가진 골프 선수 타이거 우즈. 겉으로 보기엔 강한 정신력을 가진 그의 내면에 도대체 무슨 일이 있었던 것일까?

병든 영혼의 '킬러'

그의 아버지 얼 우즈는 복잡한 사람이었다. 가난하게 태어났고, 가장 극심한 인종차별의 시대를 보냈고, 입대 후 육군 특수 부대의 일원으로 베트남 전쟁에 참전했다. 얼 우즈는 베트남에 다녀왔을 때 새로운 아내를 데리고 왔는데, 이미 결혼한 아내에게 굳이 말하지도 않았다.

얼 우즈의 행동은 보통 사람의 이해를 뛰어넘는 경우가 많았다. 그 한 예로, 한 번은 자신의 차고에서 골프 연습을 하는 동안 한 살밖에 안 된 타이거를 유아용 의자에 앉히고, 끈으로 감아 놓았다. 그래야 연습을 할 수 있기 때문이다.

물론 우즈가 성장하면서 아버지로부터 도움을 받은 것도 사실이다. 아버지 덕분에 군 골프장에서 할인된 가격으로 연습을 할 수 있었고, 최고의 코치에게 강습을 받을 수도 있었다.

혹독한 '킬러'

얼 우즈는 아들에게 특이한 정신 훈련을 시켰다. 타이거가 공을 칠 때마다 기침을 해댔고, 타이거에게 공을 던지거나 조준선을 막는 등 연습을 방해했다. 타이거가 커갈수록 훈련은 더 가혹해졌다. 전쟁

개념으로 산다

포로 심문 기술 같은 훈련을 시킨 것이다.

훗날 타이거는 그때를 회고하며 이렇게 말했다.

"아버지는 저를 끊임없이 깔아뭉갰습니다."

얼 우즈는 아들에게 가정에 위기 상황이 생기면 남편으로서 어떻게 대처하는지 행동으로 보여주었다. 아들을 데리고 간 여행지에서 바람을 피웠고, 과음을 했다. 아버지 얼 우즈가 아들 타이거에게 보여 준 것은 바로 이것이다.

"이길 수 있으면 물불을 가리지 마라. 그저 걸리지만 마라."

재능은 결코 덕을 이길 수 없다.

재승덕才勝德 덕승재德勝才*

이런 상황에서도 타이거 우즈는 골프를 사랑했고, 연습벌레처럼 엄청난 연습을 했다. 어린 시절부터 두각을 나타냈고, 프로에 입문하면서 세계 최고의 스포츠 재벌이 되었다. 그는 남극을 제외한 전 세계 모든 대회에서 우승했다. 그의 기록만 놓고 보면 세계 최고였지만, 인간관계나 일상의 삶에서는 그릇된 태도를 보였다.

한 방송과의 인터뷰에서 그는 이렇게 말했다.

---

* 재승덕하지 말고 덕승재하라. 즉 '엘리트보다 사람이 되어라'란 뜻이다.

"평생 열심히 노력했으니 주변의 모든 유혹을 충분히 즐길 자격이 있다고 생각한다."

이 책을 쓴 작가는 책을 정리하면서 이렇게 말했다.

"타이거는 더 많이 이룰수록 행복에서 더 많이 멀어졌다."

골프는 홀 컵에 공을 붙여서 넣는 게임이다. 그런데 타이거 우즈는 골프공은 탁월하게 붙였지만, 인간관계는 너무 멀리 벗어난 느낌이 든다. 아버지와의 비정상적인 관계가 타이거 우즈를 병들게 한 것이다. 타이거는 자신도 모르는 사이에 부모가 지닌 최악의 나쁜 버릇을 그대로 따라 하고 있었다. 단지 방법만 달랐을 뿐 그 내용은 아버지와 판에 박은 듯 똑같았다.

만약 이 상태가 계속되면 우울과 쾌락의 롤러코스터를 타게 될 것이다. 여기서 멈추어야 한다. 그래서 더는 자극의 노예가 되지 말고, 참 자유를 누려야 한다. 진정한 삶의 낙관성을 발견해야 한다.

뇌 과학에서는 이런 반복을 이렇게 설명하고 있다.

"뇌는 유쾌하고 행복한 감정이라고 더 좋아하지 않는다. 유쾌한 감정이든 불쾌한 감정이든, 익숙한 감정을 더 선호한다."

개념으로 산다

뇌는 익숙한 감정을 선호한다. 처음의 감정이 아닌, 익숙한 감정이다. 이는 비뚤어지고 왜곡된 사이비 기쁨에 길든 결과이다. 지금 타이거에게 필요한 '킬러 콘텐츠'는 진정한 사랑과 관심이다. 육의 아버지가 해줄 수 없는 그 엄청난 사랑, 바로 '하늘 아버지'의 사랑이다. 타이거 우즈에게 가장 필요한 것은 바로 하늘 아버지와의 만남이다. 그에게 그런 기회가 반드시 왔으면 좋겠다.

유일한 킬러 콘텐츠

요즘 연예인들의 일탈 소식이 연일 보도되고 있다. 일탈의 원인은 우울증, 공황장애, 불면증에 시달리기 때문이다. 연예인들은 무대 위에서 과도한 자극과 극도의 쾌감을 맛보는 경험을 하는데, 열광적인 환호를 받을 때 자신의 정체감을 느낀다. 그런데 계속 이런 환호를 받을 순 없지 않은가? 그래서 뭔가 자극적이고 원초적인 일탈을 꿈꾸는 것은 아닌가?

진짜 '킬러 콘텐츠' 하나 소개할까?

이거 한 방이면 다 끝나는데.

참 쉬운데.

이거 하나면 그냥 끝난다.

바로 **주 예수 그리스도**를 믿는 것이다.

주 예수를 믿으라 그리하면 너와 네 집이 구원을 받으리라

_행 16:31

너희 마음이 기쁠 것이요 너희 기쁨을 빼앗을 자가 없으리라

_요 16:22b

🔥 생각의 불

"햇빛이 강하면 그 뒤에 따라오는 그림자도 강하다.

강력하고 강한 햇빛을 원하면,

그만큼 강력하고 강한 그림자도 계속 따라 오는 법이다."

개념으로 산다

개념으로 산다

에필로그

예전 방송에 출연할 때 선배들에게 가장 많이 듣던 말이 있다.

"뭔가 아쉬워."

"뭔가 허전해."

그때는 그것이 무슨 말인지 모르고 내 잘난 맛에 넘어갔지만, 세월이 지나 그때를 다시 떠올려보면 그 말이 참 맞는 말이었다.

뭔가 아쉽고, 뭔가 허전한….

그것은 후배들에게는 안 보이지만 선배들에게는 보이는, 결정적인 뭔가가 부족했기 때문이다. 그 결정타 한 방이 없어서 결국 나는 잊혀가는 옛사람이 되었다.

이 글을 써 놓고 내놓으면서 가장 많이 듣는 말이 있다.

"뭔가 아쉬워."

"뭔가 허전해."

한창 글을 쓸 때는 오직 몰입하면서 잘 써 내려갔다고 생각했지만, 교정 중에 다시 글을 접해보니 그 말이 참 맞는 말이다. 뭔가 아쉽고 허전하다. 나에게는 안 보이지만, 교정하는 이의 눈에는 보이는 결정적인 부족함이 있었다.

이 글을 읽을 독자들을 생각하면 분명히 이런 말이 내 귀에 들리는 듯하다.

"뭔가 아쉬워."

"뭔가 허전해."

이제 어쩌겠는가? 내 손을 떠난 글인데. 이제는 뭔가 아쉬움과 뭔가 허전함을 깨달으면서 새롭게 도전해 봐야지 말이다.

나는 기대해 본다. 나를 향한 부정적 말보다 너그럽게 포용하고, 따뜻한 긍휼의 마음으로 기도해주시리라는 것을 말이다.

마르셀 프루스트는 이렇게 말했다.

"진정한 여행은 새로운 풍경을 찾는 것이 아니라, 새로운 안목으로 사물을 바라보는 것"이라고 말이다.

이 말은 이 책의 제목인 개념, 즉 성령이 열어주신 안목으로 세상을 바라보라는 말과 같다. 이제 우리 인생의 아쉬움과 허전함이 있더라도, 오직 주님의 말씀을 의지하여 새로운 눈으로 세상을 바라보자.

개그맨의 생각으로 살던 내가, 이제는 성령님이 열어주신 생각,

개념으로 산다

'개념'으로 살아가고, 살아내야 한다. 내가 사는 이유는 오직 하나님만이 알려주시기 때문이다. 오직 그분의 영광이 드러날 때, 나는 나에게서 멀어져 새로운 나를 만나게 될 때니까.

"개념으로 산다!"

다시 한번 외쳐본다. 힘겨운 일상을 살아가는 많은 분들, 오늘도 세상 문화에 푹 빠져 버린 이들, 빈부의 격차가 그 어느 때 보다 벌어지는 현실에서 나를 보면 답이 없지만, 주님을 바라보면 오직 거기에만 답이 있다는 것을 나는 날마다 외치고 싶다.

지금 여러분 가운데 뭔가 허전하고, 뭔가 아쉽다는 생각이 들 때, 그때가 바로 은혜받을 만한 때라는 사실을 기억하자.

주님을 애타게 원하면, 주님은 반드시 당신에게 찾아오실 것이다.

왜냐고?

성경에 그렇게 쓰여있다.

감사의 글

    제가 여기까지 온 것은 저 혼자의 생각이 아니었습니다. 철저한 주님의 개입과 계획으로 이 자리까지 온 것입니다. 제 생각과 계획보다 주님의 계획이 먼저라는 것을 진작에 깨달았다면, 저는 후회와 번민에 몸부림칠 시간에 주님께 순종하며 기쁨에 빠졌을 것입니다. 그래도 지금이라도 깨닫게 해주시니 얼마나 감사한지요. 지금은 혼자가 아니기에 참 감사합니다.

    젊을 때는 혼자가 되고 싶어 발버둥 쳤지만, 지금은 혼자가 되기 싫어 발버둥 칩니다. 그래서 주님과 함께하며 동행하는 지금은 전혀 외롭지 않습니다. 제가 감사드려야 할 분들이 많아 너무 기쁘고 행복합니다.

    우선 저를 위해 눈물로 기도하며, 부족한 제가 스스로 주님 앞에 설 수 있도록 격려와 사랑을 보내준 아내 김혜진, 늘 새벽마다 사위를 위해 기도해주시는 사랑하는 장모님 강숙연 권사님, 노구의 몸을 이끌고 하루 3번 성전에서 기도해주시는 신광수 목사님께 감사드립니다.

바쁜 일정 가운데 병문안과 귀한 음식으로 섬겨주신 김대우 목사님 부부, 자주 보진 못하지만, 중보기도로 힘을 실어준 김태규 집사 부부, 갑자기 발견된 병을 수술하고 회복되는 동안 기도해주신 동춘교회 성도님들과 집사님들, 권사님들, 장로님들, 그리고 함께 동역하는 교역자분들, 그리고 더욱 주님을 깊이 생각하라는 윤석호 목사님의 기도와 격려에 감사를 드립니다.

수술 후 회복 중에 격려해 주신, 저와 함께 주님을 구주로 삼은 모든 분에게 사랑에 빚진 자로 살아가고 싶습니다. 다시 한번 이 지면을 통해 감사의 인사를 전합니다. 안윤덕 장로님, 최선규 아나운서, 병원 입원부터 수술까지 도와주신 정홍희 회장님, 사람을 사랑하고 사람을 남긴다는 한의상 회장님, 좋은 음식과 풍경으로 지친 심신을 회복할 수 있게 해준 박희원 대표 부부, 후원으로 힘을 보태주신 송창화 형님.

그리고 함께 신학을 공부한 김 성남, 박재혁, 이창조, 정기철, 전치상, 이승훈, 박준호, 최건우, 김명성, 우진하, 김준규 목사, 친구 김수민 목사, 후배 인세진 선교사, 글쓰기 수업을 함께 한 신승재 목사, 후배 김교진 목사, 친동생 같은 박정우 전도사.

개념으로 산다

경기도 동탄에서 여성 예배를 인도하시면서 기도해주신 진용숙 목사님, 힘든 과정에서 포기하지 않도록 늘 격려해 주신 연탄 은행 오성환 목사님 부부, 병원 입원 중에 만나 교제하며 기도해준 이주행 목사, 좋은 교회를 넘어 위대한 교회를 위해 격려해 주시는 이수각 형님, 개그맨 선배이자 삶의 자리에서 주님의 사랑을 실천하는 김은우 형님, 자신의 것은 주님의 것으로 선언하고 일하시는 윤동인 장로님.

먼 걸음에 달려오셔서 식사 교제를 해주신 김기영 목사님, 안식과 휴식을 제공하고 응원해준 부산 우상민 장로님, 그리고 서로의 안부를 묻고 내 일처럼 걱정하고 기도해주신 김경호 목사님, 일터를 주님을 위한 선교기지로 헌신하는 이영호 바이오템 대표, 본인의 아픈 몸에도 기도와 말씀 메시지로 용기와 힘을 불어넣어 주신 김수경 목사님, 김숙희 전도사님, 함께 교제하고 동역했었던 문상원 목사님.

환대를 몸소 실천해주신 송문정, 정성필 목사님, 입원 기간 책을 후원해준 우동진 목사님, 입원 중에도 귀한 성경 말씀을 깨우쳐 주신 이대희 목사님, 산 기도를 다니시면서 부족한 종을 위해 기도해 주신 이승재 목사님 부부, 연예계 대선배이시면서 복음을 위해 선교와 후원을 하시며 늘 부족한 저를 위해 잊지 않고 격려해 주시는 구창모 집사님 부부, 모든 일에 "하나님이 하셨습니다"라고 늘 겸손하게 말씀하시며 교회 성도분들과 함께 저를 위해 기도해주신 하하 교회 김호중 목사님, 병원 입원 중 건강 회복을 위해 선물을 보내준 이기웅 후배.

이분들이 있기에 얼마나 감사한지요. 고맙고, 감사합니다. 또 부족한 원고를 책으로 만들어 주신 김 도인 목사님, 추천사를 흔쾌히 써 주시고 다음 세대를 위한 꿈과 비전을 만들어가는 박양규 목사님, 말이 안 되는 문장을 말이 좀 되도록 신경 쓰고 교정하느라 수고해 주신 이영철 목사님께도 감사드립니다.

저는 이제 이 말씀으로 마칠까 합니다. 어쩌면 제 인생에 가장 중요한 한 분, 가장 유일하게 나보다 나를 더 잘 아시는 분, 주 예수 그리스도께 감사드리며 모든 영광을 올려 드립니다.

모든 생각을 사로잡아 그리스도에게 복종하게 하니 _고후 10:5

개념으로 산다

ㄹ
글과길